杭州优秀传统文化丛书

Hangzhou Youxiu Chuantong Wenhua Congshu

良渚梦寻

周新华——著

杭州出版社

图书在版编目（CIP）数据

良渚梦寻 / 周新华著 . -- 杭州：杭州出版社，
2022.8
（杭州优秀传统文化丛书）
ISBN 978-7-5565-1850-0

Ⅰ . ①良… Ⅱ . ①周… Ⅲ . ①良渚文化—文化遗址—
介绍 Ⅳ . ① K871.13

中国版本图书馆 CIP 数据核字（2022）第 131504 号

Liangzhu Meng Xun

良渚梦寻

周新华　著

责任编辑	沈　倩
装帧设计	章雨洁
美术编辑	祁睿一
责任校对	陈铭杰
责任印务	姚　霖
出版发行	杭州出版社（杭州市西湖文化广场32号6楼）
	电话：0571-87997719　邮编：310014
	网址：www.hzcbs.com
排　版	浙江时代出版服务有限公司
印　刷	天津画中画印刷有限公司
经　销	新华书店
开　本	710 mm×1000 mm　1/16
印　张	18
字　数	240千
版印次	2023年1月第1版　2023年1月第1次印刷
书　号	ISBN 978-7-5565-1850-0
定　价	58.00元

序　言

文化是城市最高和最终的价值

　　我们所居住的城市，不仅是人类文明的成果，也是人们日常生活的家园。各个时期的文化遗产像一部部史书，记录着城市的沧桑岁月。唯有保留下这些具有特殊意义的文化遗产，才能使我们今后的文化创造具有不间断的基础支撑，也才能使我们今天和未来的生活更美好。

　　对于中华文明的认知，我们还处在一个不断提升认识的过程中。

　　过去，人们把中华文化理解成"黄河文化""黄土地文化"。随着考古新发现和学界对中华文明起源研究的深入，人们发现，除了黄河文化之外，长江文化也是中华文化的重要源头。杭州是中国七大古都之一，也是七大古都中最南方的历史文化名城。杭州历时四年，出版一套"杭州优秀传统文化丛书"，挖掘和传播位于长江流域、中国最南方的古都文化经典，这是弘扬中华优秀传统文化的善举。通过图书这一载体，人们能够静静地品味古代流传下来的丰富文化，完善自己对山水、遗迹、书画、辞章、工艺、风俗、名人等文化类型的认知。读过相关的书后，再走进博物馆或观赏文化景观，看到的历史遗存，将是另一番面貌。

过去一直有人在质疑，中国只有三千年文明，何谈五千年文明史？事实上，我们的考古学家和历史学者一直在努力，不断发掘的有如满天星斗般的考古成果，实证了五千年文明。从东北的辽河流域到黄河、长江流域，特别是杭州良渚古城遗址以距今5300—4300年的历史，以夯土高台、合围城墙以及规模宏大的水利工程等史前遗迹的发现，系统实证了古国的概念和文明的诞生，使世人确信：这里是古代国家的起源，是重要的文明发祥地。我以前从来不发微博，发的第一篇微博，就是关于良渚古城遗址的内容，喜获很高的关注度。

我一直关注各地对文化遗产的保护情况。第一次去良渚遗址时，当时正在开展考古遗址保护规划的制订，遇到的最大难题是遗址区域内有很多乡镇企业和临时建筑，环境保护问题十分突出。后来再去良渚遗址，让我感到一次次震撼：那些"压"在遗址上面的单位和建筑物相继被迁移和清理，良渚遗址成为一座国家级考古遗址公园，成为让参观者流连忘返的地方，把深埋在地下的考古遗址用生动形象的"语言"展示出来，成为让普通观众能够看懂、让青少年学生也能喜欢上的中华文明圣地。当年杭州提出西湖申报世界文化遗产时，我认为这是一项需要付出极大努力才能完成的任务。西湖位于蓬勃发展的大城市核心区域，西湖的特色是"三面云山一面城"，三面云山内不能出现任何侵害西湖文化景观的新建筑，做得到吗？十年申遗路，杭州市付出了极大的努力，今天无论是漫步苏堤、白堤，还是荡舟西湖里，都看不到任何一座不和谐的建筑，杭州做到了，西湖成功了。伴随着西湖申报世界文化遗产，杭州城市发展也坚定不移地从"西湖时代"迈向了"钱塘江时代"，气势磅礴地建起了杭州新城。

从文化景观到历史街区，从文物古迹到地方民居，众多文化遗产都是形成一座城市记忆的历史物证，也是一座城市文化价值的体现。杭州为了把地方传统文化这个大概念，变成一个社会民众易于掌握的清晰认识，将这套丛书概括为城史文化、山水文化、遗迹文化、辞章文化、艺术文化、工艺文化、风俗文化、起居文化、名人文化和思想文化十个系列。尽管这种概括还有可以探讨的地方，但也可以看作是一种务实之举，使市民百姓对地域文化的理解，有一个清晰完整、好读好记的载体。

传统文化和文化传统不是一个概念。传统文化背后蕴含的那些精神价值，才是文化传统。文化传统需要经过学者的研究提炼，将具有传承意义的传统文化提炼成文化传统。杭州与丛书作者在创作方面作了种种古为今用、古今观照的探讨交流，还专门增加了"思想文化系列"，从杭州古代的商业理念、中医思想、教育观念、科技精神等方面，集中挖掘提炼产生于杭州古城历史中灵魂性的文化精粹。这样的安排，是对传统文化内容把握和传播方式的理性思考。

继承传统文化，有一个继承什么和怎样继承的问题。传统文化是百年乃至千年以前的历史遗存，这些遗存的价值，有的已经被现代社会抛弃，也有的需要在新的历史条件下适当转化，唯有把传统文化中这些永恒的基本价值继承下来，才能构成当代社会的文化基石和精神营养。这套丛书定位在"优秀传统文化"上，显然是注意到了这个问题的重要性。在尊重作者写作风格、梳理和讲好"杭州故事"的同时，通过系列专家组、文艺评论组、综合评审组和编辑部、编委会多层面研读，和作者虚心交流，努力去粗取精，古为今用，这种对文化建设工作的敬畏和温情，值得推崇。

人民群众才是传统文化的真正主人。百年以来，中华传统文化受到过几次大的冲击。弘扬优秀传统文化，需要文化人士投身其中，但唯有让大众乐于接受传统文化，文化人士的所有努力才有最终价值。有人说我爱讲"段子"，其实我是在讲故事，希望用生动的语言争取听众。今天我们更重要的使命，是把历史文化前世今生的故事讲给大家听，告诉人们古代文化与现实生活的关系。这套丛书为了达到"轻阅读、易传播"的效果，一改以文史专家为主作为写作团队的习惯做法，邀请省内外作家担任主创团队，组织文史专家、文艺评论家协助把关建言，用历史故事带出传统文化，以细腻的对话和情节蕴含文化传统，辅以音视频等其他传播方式，不失为让传统文化走进千家万户的有益尝试。

中华文化是建立于不同区域文化特质基础之上的。作为中国的文化古都，杭州文化传统中有很多中华文化的典型特征，例如，中国人的自然观主张"天人合一"，相信"人与天地万物为一体"。在古代杭州老百姓的认知里，由于生活在自然天成的山水美景中，由于风调雨顺带来了富庶江南，勤于劳作又使杭州人得以"有闲"，人们较早对自然生态有了独特的敬畏和珍爱的态度。他们爱惜自然之力，善于农作物轮作，注意让生产资料休养生息；珍惜生态之力，精于探索自然天成的生活方式，在烹饪、茶饮、中医、养生等方面做到了天人相通；怜惜劳作之力，长于边劳动，边休闲娱乐和进行民俗、艺术创作，做到生产和生活的和谐统一。如果说"天人合一"是古代思想家们的哲学信仰，那么"亲近山水，讲求品赏"，应该是古代杭州人的生动实践，并成为影响后世的生活理念。

再如，中华文化的另一个特点是不远征、不排外，这体现了它的包容性。儒学对佛学的包容态度也说明了这一点，对来自远方的思想能够宽容接纳。在我们国家的东西南北甚至是偏远地区，老百姓的好客和包容也司空见惯，对异风异俗有一种欣赏的态度。杭州自古以来气候温润、山水秀美的自然条件，以及交通便利、商贾云集的经济优势，使其成为一个人口流动频繁的城市。历史上经历的"永嘉之乱，衣冠南渡"，"安史之乱，流民南移"，特别是"靖康之变，宋廷南迁"，这三次北方人口大迁移，使杭州人对外来文化的包容度较高。自古以来，吴越文化、南宋文化和北方移民文化的浸润，特别是唐宋以后各地商人、各大商帮在杭州的聚集和活动，给杭州商业文化的发展提供了丰富营养，使杭州人既留恋杭州的好山好水，又能用一种相对超脱的眼光，关注和包容家乡之外的社会万象。这种古都文化，也代表了中华文化的包容性特征。

城市文化保护与城市对外开放并不矛盾，反而相辅相成。古今中外的城市，凡是能够吸引人们关注的，都得益于与其他文化的碰撞和交流。现代城市要在对外交往的发展中，进行长期和持久的文化再造，并在再造中创造新的文化。杭州这套丛书，在尽数杭州各色传统文化经典时，有心安排了"古代杭州与国内城市的交往""古

代杭州和国外城市的交往"两个选题，一个自古开放的
城市形象，就在其中。

　　"杭州优秀传统文化丛书"团队在传统和现代的结合
上，想了很多办法，做了很多努力。传统文化丛书要得
到广大读者接受，不是件简单的事。我们已经走在现代
化的路上，传统和现代的融合，不容易做好，需要扎扎
实实地做，也需要非凡的创造力。因为，文化是城市功
能的最高价值，也是城市功能的最终价值。从"功能城市"
走向"文化城市"，就是这种质的飞跃的核心理念与终
极目标。

2020 年 9 月

（单霁翔，中国文物学会会长）

千里江山图（局部）

目　录

杭州风貌 **HANG ZHOU**

引子 什么是良渚

"良渚"是中国考古史上的一个奇迹。

在灿若繁星的中国数千处新石器时代遗址中，位于浙江省杭州市余杭区的良渚古城遗址是唯一一个入选《世界遗产名录》的。良渚申遗的成功，也令当年中国的世界遗产数量跃居世界第一（与意大利并列），让"良渚"成为响彻世界的名字。

"中华第一城""世界最早的大型水利工程""比肩殷墟""媲美金字塔""史前玉器文化的巅峰""实证中华五千多年文明史的圣地"……当人们不吝以各种优美的文字赞誉良渚遗址时，一定也会问："良渚"究竟是什么？

良渚是个地名。它位于杭州北郊余杭，历史悠久，得名至少可以追溯到宋代，如《淳祐临安志》有"梁渚"，《咸淳临安志》有"梁渚里""良渚"，《宋史·五行志》有"仁和县良渚"，等等。

良渚是个遗址。"遗址"是考古学术语，指古代人类留下的遗迹，通常为不完整的残存物，大多深埋地下，后在考古人员的手铲下重见天日。经过 80 余年的不间断发掘，证实良渚遗址是长江下游最大的史前文化遗址，也是中国密集度最高的遗址群。

良渚是种考古学文化。当考古学家发现某个地区集中、频繁地出土一些具有同类特征的遗迹、遗物时，通常会以首个发现地的地名来命名这种考古学文化。良渚文化是属于新石器时代晚期的考古学文化，主要分布于长江下游的环太湖流域，时间距今 5300—4300 年，比文献记载的中国最早的历史朝代夏朝还要早，以发达的玉器文化而闻名。

良渚是座古城。考古人员经过长达 10 余年的艰辛勘探发掘，终于确认由东西南北宽大的土石城垣围合而成的良渚古城遗址。古城以莫角山宫殿为中心，由宫城、内城和外郭城三重结构构成，面积达 6.3 平方千米，为目前已知的中国境内新石器时代最大的城址，被誉为"中华第一城"。

良渚是个古王国。由三重结构的古城构成它的都城，既是权力中枢，也是信仰中心。古城内有王陵、祭坛、粮仓、各种手工业作坊，古城外有村落和超乎想象的防洪水利工程。当时的人们以山为郭，依水而居，饭稻羹鱼，衣麻织绢，有发达的制陶、琢玉、髹漆、木作工艺，一个等级森严的原始王国已跃然眼前。

良渚是个古文明。正是因为有了古城，有了王国，"文明"的提法才有所凭据，"良渚文明"也就呼之欲出。对照中国考古学家最新归纳中华文明的四大特征：农业和手工业的发展基础；社会阶层、社会成员明显分化的现象出现；中心性城市的出现；大型建筑的修建。以良渚古城为代表的良渚遗址孕育了国家社会和众多文明元素，堪称"良渚文明"，它也是中国第一个成熟文明和早期国家。

从 1936 年施昕更在老家良渚一个干涸的池塘底发现那两片发光的黑陶片算起，良渚遗址的发现已有 80 余年历史。在一代又一代考古人的手铲下，5000 年厚厚的历史尘埃一旦被拂去，良渚——这个"实证中华五千多年文明史的圣地"，正日益散发出其迷人而耀眼的光芒。

第一章

发现良渚

池塘底的两片黑陶

在考古史上，有许多震惊天下的大发现，最初的机缘都源于一些偶然事件。以浙江为例，如果不是 1973 年春夏之交姚江边上河姆渡村民在挖排涝站时偶然挖出了黑陶片和鹿角等动物骨骼，也就不会有后来堪称"石破天惊"的河姆渡遗址的重见天日。

但良渚遗址的发现却是例外。甚至可以说，良渚遗址是一个人刻意地辛辛苦苦"找"出来的。在中国考古史上，这也是不多见的事件，堪称一段佳话。

在今杭州良渚国家考古遗址公园内，新竖了一座青铜雕像。所雕是一个戴着眼镜、面容清瘦的青年人，望向远方的眼神中透着一种坚毅和果敢。他就是良渚遗址最早的发现人——施昕更。

施昕更 1912 年生于良渚镇一个店员家庭，虽家境贫寒，但自幼聪颖，好学上进。在从浙江省立高级工业学校艺徒班毕业后，因在 1929 年举办的首届西湖博览会上表现出众，还不满 18 周岁的施昕更得以进入西湖博物馆工作，后在地质矿产组担任绘图员。

施昕更像

　　施昕更并不是学考古出身，他原本也不见得对古物有特别的兴趣。如果不是一件偶然事件的发生，后来的人们也不会将他的名字跟"良渚"紧密地联系在一起。

　　在施昕更进入西湖博物馆工作的第八年，即 1936 年 5 月，杭州老和山下（今浙江大学玉泉校区内）建筑施工，挖出了石器和陶器。当时的西湖博物馆和吴越史地研究会闻讯，派员前往发掘。这个遗址后来被命名为杭县古荡遗址，年代确定为新石器时代。

　　这也是近现代杭州市区进行的第一次正式的野外考古发掘。施昕更也参与了这次发掘，负责绘图记录发掘地层。发掘虽仅历时一天，所获也不丰，但却激发了他对考古的兴趣和热情，成为他后来发现良渚遗址的重要契机。

据他后来记述，当他在古荡遗址发掘现场见到出土的那些古朴的石器时，觉得似曾相识。他在老家良渚就曾见到乡人挖到过玉器、石器和陶器。玉器久为世人所珍，有人收购，有人倒卖，但那些石器、陶器则被视为废物，随得随弃。

正因如此，当他在古荡遗址看到挖出的石斧跟家乡习见的被乡人称为"石铲"的东西颇为相像，立即产生了联想，这些石器之间会不会有某种内在的联系？

于是，在古荡发掘结束之后的第二天，施昕更就急匆匆地赶回老家良渚镇收集石器，有石铲、石戈、石镞、石凿等，还有磨制石器用的砺石。这些石器形制不同，有的精致，有的粗朴。

他虽然没学过考古，但凭直觉认为这些石器应有先后之别，似不应一概而论。于是他想到应该用较科学的方式——利用河岸池底来观察地层的剖面，了解石器和陶器分布及蕴藏的情形。

这年 7 月，施昕更再回良渚，"终日踯躅于田野阡陌之间，不以为苦"，经过多日的搜寻勘察，他自认为对石器的分布有了大致的了解。

如果只是停留于此，施昕更的工作也仅限于在地表寻找采集石器而已，是不可能有后来良渚遗址的发现的。因为，作为良渚文化重要内容的黑陶，仍未出现。

事情的转机出现在 11 月初冬的一个傍晚。

这天，施昕更从安溪的岳母家回良渚，在经过一个叫棋盘坟的地方时，在一个干涸狭长的池塘底，发现了两片"黑色而有光"的陶片。

捡回这两片陶片之后，有一天他在无意中翻阅著名考古学家梁思永（梁启超之子，梁思成之弟）所著之《城子崖》考古报告，发现自己捡到的黑陶片竟然跟书中所载的山东城子崖遗址出土的黑陶片非常相似，这一发现让他惊喜不已！

良渚池塘里发现的黑陶片，跟山东龙山文化的黑陶之间究竟有什么关系？此外，施昕更也隐隐觉得，良渚的黑陶跟那些石器应该也是相伴共存的关系，是属于同一种史前文化的遗物。

应该到良渚一带去作考古发掘，探一探究竟！

施昕更随即把这个想法向西湖博物馆董聿茂馆长作了汇报。作为生物学家的董聿茂馆长对文物本不熟悉，但他对这些发现非常重视，不但对施昕更勉励有加，而且同意了他提出的发掘计划。

于是，西湖博物馆出面报请中央古物保管委员会核准，决定对良渚一带遗址进行考古发掘，发掘由施昕更负责主持。

1936 年 12 月 1 日，施昕更来到了最初发现黑陶片的棋盘坟附近，开始了第一次发掘。发掘历时 10 天，发现了红烧土及一些残石器、残陶豆把、圈足器以及百余片陶片。

这次发掘虽然收获不大，但意义非凡，这也是后来鼎鼎大名的良渚遗址考古史上的首次发掘，足以记入史册。

梁思永像

12月26日，施昕更再次来到棋盘坟考古发掘。第二次发掘进行了5天，收获颇丰，获得的石器、陶器及陶片足有两箩筐，不但数量更多，且器形种类也更丰富。

1937年3月8日，施昕更着手第三次的发掘。这次发掘范围扩大到了附近的安溪、长命和大陆等乡镇，发现的遗址共达13处之多。

这三次野外发掘极其艰苦。前两次发掘时值严冬，施昕更以极少的经费独立发掘，但一些村民认为他是"借此自肥"，横加阻挠，甚至还有人趁夜间前来盗掘，毁损农田，施昕更不得不借助乡警予以阻止。

或许正因如此，施昕更不得不草草结束野外发掘，放弃了原本想深入持久地进行考古发掘的想法。但这三

施昕更和董作宾在良渚遗址合影

次发掘，收获也是显而易见的。

　　根据施昕更在发掘报告中的记述，当时仅在棋盘坟一带，就获得"较完整巨大之陶鼎、陶皿、陶豆、陶瓯、陶簋等十余件，碎片五百余件"。此外，还发现大量石器，以及璧、环等零星玉器。

　　发掘结束后不久，西湖博物馆邀请当时中央研究院语言历史研究所的董作宾、梁思永两位先生来杭，并由施昕更陪同至良渚实地考察。在今良渚博物院内陈列着一张老照片，但画面上只有董作宾和施昕更二人，由此可以推测照片是梁思永拍摄的。

　　董作宾、梁思永二人都是当时的考古学权威，他们在良渚棋盘坟等地实地考察并研究出土文物之后，对施昕更的发掘工作"亦认为满意"。

施昕更将这些调查和试掘资料写成《杭县第二区远古文化遗址试掘简录》，于 1937 年 4 月在上海《时事新报》的《古代文化》周刊发表。这也是迄今所见最早的一篇介绍和研究良渚遗址的文章。

以这篇试掘简报的发表为标志，一个后来足以写进中国考古史的伟大遗址——良渚，就这样被发现了。

谁是"良渚发现第一人"

　　巧的是，就在施昕更独自在良渚一带寻找和发掘遗址的差不多同时，另一个跟他年纪相仿的年轻人，也因为个人的兴趣踏上了寻找良渚石器和黑陶的旅程。

　　这个年轻人名叫何天行，也是杭州人，当时还在复旦大学读书。他虽然读的是中国文学系，但他的一个老师卫聚贤是著名的考古学家，在老师的影响下，何天行也对考古产生了浓厚的兴趣。

　　何天行之所以对良渚的石器和黑陶产生兴趣，缘于他一次偶然在古董摊上买到的几件石器。当他打听到这些石器出自良渚一带，就利用假期时间，一个人到良渚镇附近的长命桥、荀山一带调查，并陆续采集或购买到一些陶器和石器。

　　有一件著名的椭圆形刻纹黑陶盘，据称就是他于这年冬天在良渚采获的。这件黑陶盘上有几个刻画符号，很像原始的文字。他的老师卫聚贤见了，非常高兴，还专门写了题为《中国最古的文字已发现》的文章在报纸上发表。

1936 年 8 月，距施昕更第一次去良渚镇调查采集石器不久，何天行大学毕业了。他也是受到当时古荡新石器时代遗址发掘的鼓舞，多次到杭县良渚镇一带踏看调查，收集到 100 多件石器和陶器。

当时河南安阳后岗和山东城子崖都有黑陶发现，何天行经过对照研究，意识到良渚一带的出土物当为一处典型的江南远古文化遗存。1937 年初，何天行带着实物到南京，向当时的中央研究院历史语言研究所考古学家董作宾等作了陈述，判断得到进一步确认。

此后又经实地反复调查，何天行于 1937 年 4 月完成《杭县良渚镇之石器与黑陶》一书，由蔡元培题写书名，并作为"吴越史地研究会丛书"第一种出版。

何天行《杭县良渚镇
之石器与黑陶》书影

有意思的是，何天行《杭县良渚镇之石器与黑陶》一书出版之时，施昕更撰写的《杭县第二区远古文化遗址试掘简录》也在上海的报刊上发表了，时间在同一个月。

两个年纪相仿的年轻人，在几乎同时踏上了去良渚镇寻找石器和黑陶的旅程，又同样都是受到古荡发掘和山东城子崖黑陶文化的启发，连发表文章、出版书籍都在同一时间，创造了很多有趣的历史的巧合。

就连两人分别发表的《杭县第二区远古文化遗址试掘简录》《杭州良渚镇之石器与黑陶》两种研究成果，虽然一个是试掘简录，一个是研究著作，在格式体例上却都差不多。

施昕更的试掘简录，分为"发现及试掘的经过""地层及文化层""文化遗物"和"时代的检讨"几部分；何天行的著作，除"绪言"外，也分为"遗址的发现""地层的大概""遗物种类（分石器、黑陶两部分）"和"结语"几部分。

两人在各自作品中表达的观点，也是惊人的相似：

施昕更在文章中虽然没有像古荡遗址报告中那样采用"新石器时代遗址"的定性，但仍然鲜明表达了他的观点："浙江古代已孕育很早的文化，可上溯至新石器时代……这是无可疑的了。"

何天行在书中则这样写道："浙江在春秋战国以前，绝少历史上真确的史料……现在发现了这样优秀的文化遗迹，可见浙江的远古文化本极悠久，将吴越文化的源流拉长了几千年。"

良　渚

（杭縣第二區黑陶文化遺址初步報告）

浙江省立西湖博物館
施昕更著

浙江省教育廳出版
民國二十七年六月
杭　州

施昕更《良渚——杭县第二区黑陶文化遗址初步报告》书影

正是由于以上的种种巧合，曾经有人认为，何天行也应该算是最先发现良渚遗址的拓荒者，甚至还引发了一场关于"良渚发现第一人"的论争。

不可否认，何天行对良渚遗址的发现也作出了重要的贡献。事实上，他所著《杭州良渚镇之石器与黑陶》一书还比后来声名更著的施昕更所著《良渚——杭县第二区黑陶文化遗址初步报告》早出版了一年，可视为最早出版的一本研究良渚文化石器和黑陶的著作。

但为什么学界大多数人还是把施昕更视为"良渚发现第一人"呢？

一个重要的原因是，施昕更是第一个通过科学发掘发现良渚遗址，并为之命名的人。正是由于他，良渚遗址更为世人所熟知，由此揭开了长江下游现代意义上的系统田野考古的序幕。

长期从事良渚遗址田野考古发掘和研究的考古学者赵晔曾在《良渚文明的圣地》一书中对施昕更、何天行二人作过这样的评价：

"从某种意义上说，何天行是一位收藏家，而施昕更则是一名专业工作者。他们几乎在同一时间，分别从民间和业内对良渚文化的发现作出了重要贡献。如果一定要评判他们各自的作用，我们只能说，从考古学的角度，施昕更是一位敬业的先行者；从当时的社会影响力来说，何天行是一位热心的古物爱好者和研究者。"

应该说，这样的评语是比较公允的。

施昕更所著《良渚——杭县第二区黑陶文化遗址初步报告》，分为"绪言""遗址""地层""遗物""结语"五部分，其框架完全仿照梁思永《城子崖》报告，学术性极强。这也是关于良渚文化遗址的第一部发掘报告，同时也让"良渚"这个美丽的名字早早地进入了中国学术界的视野，其意义是非凡的。

他在报告的绪言中，有这样的表述：

"关于报告的定名方面，颇费斟酌，最新的考古报告都以地名为名，如城子崖、貔子窝等等，我也来仿效一下，遗址因为都在杭县良渚镇附近，名之良渚，也颇适当。渚者，水中小洲也，良者，善也。……采用这二个字，有名实兼收之妙。"

事实上，施昕更这本 5 万余字的《良渚——杭县第二区黑陶文化遗址初步报告》在 1937 年 4 月即已完成，刚刚付梓，抗日战争爆发了，在战火连天中印版不幸被毁，后西湖博物馆辗转南迁浙南，这部报告经过多重周折，才于 1938 年 6 月由浙江省教育厅出版。

遗憾的是，施昕更在《良渚》报告出版之后不久忽患猩红热并发腹膜炎，虽曾赴永嘉就医，但途中适遇敌机轰炸，身受颠踬，致使病况益发加重。战时医药奇缺，他在艰难的处境中终至于不治，于 1939 年 5 月 29 日在瑞安病逝，年仅 28 岁。

虽然囿于时代局限，施昕更在当时并未意识到他所发掘的遗址其实是一处全新的新石器时代文化遗址，而只是把它归为与山东城子崖同属一个黑陶文化系统，而且，虽然他在发掘中其实已经发掘到了玉器，但也未敢确定其与黑陶为同时代器物，更没有意识到这些玉器恰恰正是良渚文化的重要内涵之一，但他对良渚文化发现的贡献仍是意义巨大的。

施昕更对良渚的发掘与研究工作，第一次准确无误地向学术界展示了长江下游的史前文化，这是良渚考古的开端，也是浙江新石器文化考古的开端，在中国考古学史上具有划时代的意义。

从这个意义上说，施昕更是毫无争议的良渚文化发现的先驱，其创榛辟莽之功，不可埋没。

迟来 20 余年的文化命名

1936 年 6 月 18 日，就在施昕更独自去良渚镇调查采集石器之后不久，《东南日报》发表了一篇题为《杭县第二区发现先史时代文化层》的报道，副标题是"分布颇广，在离地表数米处出土石器，有斧凿锇镰铲刀等"。

这是迄今所见的对施昕更于良渚进行考古调查的首次报道。文中提出了"先史时代文化层"的概念，与现今考古学所说的"文化层"概念相近。

这篇报道虽然篇幅不大，但至关重要。文中着重指出：

"其他石器，可注意者，为石刀石斧等，其制作不加修饰，顽钝粗朴，可证为先民手泽，同时以地层上证明，确为新石器时代晚期之产物，即与河南仰韶文化期，亦足有比较之处。"

也就是说，在发现良渚遗址之后不久，施昕更即敏锐地意识到这是一个"先史时代"的遗存，并提出"新石器时代晚期之产物"的论断，不能不说确为远见卓识。

时隔半年，1936 年 12 月 23 日，在施昕更正准备对良渚棋盘坟作第二次发掘之时，《东南日报》又以《西湖博物馆在杭县发现黑陶文化遗址》为题，对施昕更在良渚的考古调查发掘作了报道。

这篇报道的副标题很长，共有三行——"陶制遗物形色繁多、时代约在殷商以前、与山东城子崖遗址相同"。报道同时配有石器和陶器各两幅图。

从报道来看，良渚遗址在发现之初，就被冠以"黑陶文化"的定义。1937 年 5 月 6 日、8 日《东南日报》刊登施昕更所撰《浙江新石器时代之黑陶文化》文章（分上、下两篇发表），全文约 5000 字。在文中，施昕更作出了"杭县发现黑陶文化，确是浙江史前考古的发轫"的判断。

当然，用现在的眼光来看，施昕更认为良渚的黑陶是由山东城子崖黑陶文化发展传播而来，这支考古学文化应是山东龙山文化的一支，这一判断显然有着时代的局限，尽管他自己也觉察到山东黑陶南传的同时，"又加入了少许异质成分"，暗示杭县与山东的黑陶并不相同。

其实也不仅是施昕更，就连城子崖遗址的发现者梁思永当时也抱持同样的看法。

1939 年底，梁思永在《第六届太平洋学术会志》第四辑上发表《龙山文化——中国文明的史前期之一》一文，把全国以黑陶为特点的龙山文化划分成山东沿海、豫北和杭州湾三区，把良渚黑陶也归入了山东龙山文化黑陶系统，认定前者是后者传播的结果。

不过，虽然梁思永将良渚黑陶纳入山东龙山文化系统，但他也意识到杭州湾的良渚遗址"显示出不可忽视的地域差异"，如杭州湾区的黑陶有大量盛行的圜底、圈足和平行横线的凸纹，就与山东沿海和豫北两区明显有别。

良渚文化的独立性似乎初露端倪。

事实上，对一种考古学文化的认识，往往无法一蹴而就，而是要经历一个曲折漫长的过程。对良渚遗址所代表的史前文化的认识，恰恰就是一个鲜活的例子。

1955 年冬天一次偶然的考古发掘，揭开了良渚文化确认和命名的序幕。而这时，离施昕更最初发现良渚遗址已经过去了近 20 年。

这年初冬，良渚镇朱村兜村民在长坟的水塘中挖泥积肥，在肥沃的黑灰色塘泥中发现了数量惊人的陶器和木炭。浙江省文物管理委员会得知消息，派汪济英前去调查发掘。

汪济英等随后在水塘北端开了一条深沟，发掘和采集所获陶器、陶片达 40 余筐，其中完整的和可修复成器的陶器达 200 余件，器形有罐、双鼻壶、豆、尊、簋、皿、盆、杯、网坠等十余类。

这是新中国成立后，良渚遗址群内的首次野外发掘。虽然规模很小，但却收获颇丰，为初识良渚文化的器物群提供了丰富的实物资料。

发掘者汪济英在研究了这批黑陶器后，明确指出良渚黑陶有其独特的风格，绝不能将其与山东龙山文化混为一谈。这是浙江的学者第一次意识到良渚黑陶文化的独特个性，并对其为龙山文化的分支提出了质疑。

1957 年，时任中国科学院考古研究所副所长的夏鼐为《浙江新石器时代文物图录》一书写序，在序文中，夏鼐对浙江地区出土的石器和黑陶作了特征提炼，也提出了一些全新的见解。

比如，在黑陶方面，夏鼐指出浙江的黑陶容易干后褪色，没有山东龙山文化的那种标准的蛋壳黑陶。器形除圈足外，也有大量圜底的，山东龙山文化中盛行的平底器却较少。陶鬶发现不多，也不是标准的龙山文化形式。

在石器方面，夏鼐提出浙江发现的特别的三角形石刀，为他处所未见，是值得特别注意的。另如鳍形的鼎足，沿刀背一列凹孔的石刀，也是他处所未见。

夏鼐在这篇序文中提到的独特的黑陶和石器，如鱼鳍形鼎足、三角形石刀、刀背一列凹孔的石刀，恰恰就是良渚遗址出土者。

夏鼐是著名的考古学家，同时也是浙江人，看来他对家乡出土的文物也格外留意，已经注意到了太湖地区这一考古学文化的特殊性。

在这篇序文中，夏鼐提出了这样的观点：

"就已发掘的几处遗址而言，吴兴钱山漾、杭县良渚、杭州老和山、淳安进贤的下层文化，似乎是属于同一种文化。"

有意思的是，在考古学界尚没有对良渚文化作正式命名之前，北京大学历史系考古教研室的师生们已经先

杭州老和山遗址出土的石器

行一步了。

1959 年 8 月，他们在编写《中国考古学》教材初稿时，鉴于良渚遗物与龙山文化存在着明显的特征差异，地域上又相距较远，于是在《新石器时代考古》部分，把环太湖流域出土的上述文化内涵从龙山文化中划分出来，单独命名为"良渚文化"。

正式为良渚文化命名，是在 1959 年底。这年 12 月，长江流域规划办公室文物考古队队长会议在南京召开，夏鼐在会上作了《长江流域考古问题》的发言，在发言中正式提出了"良渚文化"的考古学命名。

一般来说，要命名一种新的考古学文化，要具备三个条件：

一是这种文化的特征不是"孤独的一种"，而是"一群"。就良渚遗址而言，遗址中出土的陶器中的鱼鳍形足、黑陶贯耳壶等特殊器形，石器中的三角形石刀、石犁等，往往在各遗址中伴出。

二是这种同类型的古文化遗址，在浙江地区已不是仅发现一两处，而是在环太湖流域多处先后发现过。如江苏无锡仙蠡墩、浙江余杭良渚朱村兜、湖州钱山漾、湖州邱城、杭州水田畈等遗址。

三是"必须有一处作过比较全面而深入的研究"，在此之前，尽管材料有限，但不少专家学者已对这类遗址作过不少研究和探索，对其时代、分布以及同其他文化的关系等问题作了有意义的探讨。

综合以上的认识，夏鼐认为太湖沿岸和杭州湾的良渚文化，是受了龙山文化（原称黑陶文化）影响的一个独自存在和发展的太湖流域新石器时代考古学文化，可单独命名为"良渚文化"。

这一具有重大意义的远见卓识，提出伊始即得到了考古学界的公认，"良渚文化"这一名称很快被学术界接受且沿用至今。

这是一个迟来20余年的文化命名，从1936年施昕更发现良渚遗址算起，时光已经整整过去了24年！

回顾历史可以发现，就在良渚文化命名前后的20世纪50年代末、60年代初，江、浙、沪三省市先后发现了一大批良渚文化遗址，通过这些遗址的揭示，良渚文化的分布范围和基本内涵得到了进一步的确认。

这是一个分布于长江三角洲太湖流域，以稻作农业为基础的原始文化，距今5300—4300年，延续了1000年左右。良渚文化有着发达的陶器、石器、玉器制造业，也有竹篾编织、木器制作、丝麻纺织等其他手工业门类。

良渚文化分为核心区和外围区，核心区是以杭州市余杭区良渚古城遗址为中心，面积约3.65万平方千米的环太湖地区。外围区，向北可扩展至江淮、宁镇地区，向南可达金衢盆地、宁绍平原，甚至北至陕北、南到广东都发现有良渚文化的遗迹。

目前，全国已经发现良渚文化遗址1000多处，光是杭嘉湖地区就发现了700多处。

"墙内开花墙外香"

　　"良渚文化"虽然得以命名，但很奇怪的是，后来被视为良渚文化核心内容的玉器，却一直没有被纳入考古人员的视野。这让良渚文化遗址的发掘和研究工作在一定程度上陷入了暂时的停顿。

　　在历史上，良渚玉器其实早有出土，但过去它们一直被视为"周汉之器"。事实上，在施昕更发掘良渚遗址时，已经发现了璧、环等玉器，而且与石器同层出土，但不知为何，他同样将其视为汉玉。

　　"周汉之器"这一顽固观念不仅在历史上几成铁案，而且一直影响到近现代成长起来的一批考古学家。以至于当后来浙江的考古人员在偶然的发掘中遇到零星的良渚玉器时，一时失去了应有的敏感。

　　1963 年冬，为配合西险大塘维修工程，考古人员在苕溪南岸的安溪苏家村进行考古发掘。这次发掘最大的收获是在良渚文化地层中发掘到一件半残的玉琮。

　　曾参与这次发掘的考古前辈牟永抗先生后来曾撰文回忆，当时出土现场既无后期墓穴痕迹，也未见任何扰

苏家村遗址出土的残玉琮

乱现象，如果依据地层学原理，将这件半残的玉琮定为良渚文化遗物是顺理成章的事情。

　　但是，考古人员当时也感到困惑：周、汉时代的琮怎会出现在新石器时代的地层中？况且史前时期没有金属砣具，又怎样能够雕琢如此坚硬的玉制品呢？

　　就这样，种种来自传统观念的疑虑，使得考古人员没有勇气去把握面临的现实机遇，也错过了率先辨识出良渚古玉的一次珍贵的历史性机遇。

　　这样的机遇后来其实还有一次。

　　1971年初夏，一个来自余杭县长命乡桑树头村的闻姓村民拿了两枚玉璧送到了杭州市文物商店。考古人员闻讯后，跟着这位村民到出土地点调查，还见到了与玉璧同时出土的17件穿孔石钺。

根据现场的勘察，考古人员发现"现场墓坑痕迹依稀可见"，确认了玉璧与石钺同出一墓应大致无误。由于这类石钺已确认是良渚文化的典型器种，而玉璧与之同时出土，理应也是同期之遗物。

桑树头发现的玉璧和石钺，其实再次证实了 1963 年苏家村那半件玉琮的来历。但可惜的是，不知出于何故，这两次发现都没有引起考古人员应有的重视。

历史有时就是喜欢这样和人开玩笑。作为良渚文化核心区又是良渚遗址最早发现地的浙江，先后两次错失了率先辨识出良渚玉器的珍贵机遇。

最终出来翻掉良渚玉器为"周汉之玉"这个铁案的，是 20 世纪 70 年代以后良渚文化考古工作所积累起来的成果，这一突破率先在环太湖沿岸的江苏省得以实现。

1973 年，南京博物院在江苏苏州吴县发掘草鞋山遗址，清理了一座同时出土了良渚文化玉器和陶器的高等级墓葬，这也是现在公认的第一座良渚大墓。

草鞋山位于苏州东郊阳澄湖南岸，原属吴县唯亭乡。据说在 20 世纪 30 年代，这里曾出土有璧、琮、钺、镯等大量玉器。江苏省考古人员曾于 1956 年前往调查，确认此处为史前遗址。1973 年的发掘，发现文化堆积厚达 11 米以上，新石器时代遗存丰富。

草鞋山遗址此次发现的这座良渚文化大墓（编号为 M198），出土的玉器种类多样，包括琮、璧、钺、斧、镯、珠、管、锥形器等重要的玉质兵器、礼器与装饰品，另外出土了鼎、壶、盆、豆、罐等陶器 9 件，在一件体量最大的夹砂黑衣陶鼎内还发现盛有禽类骨骸。

草鞋山 M198

　　草鞋山遗址的发掘，第一次从地层学上证明确认了琮、璧、钺等重要玉器为良渚文化时期遗物，在良渚文化发现和研究史上具有里程碑式的意义。

　　紧接着，1977 年吴县张陵山遗址的发掘，再一次证实了这一事实。

张陵山遗址原属江苏省吴县甪直镇淞南乡张陵大队，遗址包括东西相距 100 米的两座土墩。1977 年，南京博物院主持发掘了张陵山遗址西墩，共清理了新石器时代墓葬 11 座，其中 5 座良渚文化墓葬位于土墩顶部。

墓中随葬器物多见鼎、豆、碗、盆、杯、四系罐、贯耳壶、钵、匜、缸、瓮等，石器主要为有肩穿孔石斧、双孔石斧、锛、镰等。玉器的数量、种类最多，有琮、瑗、镯、环、管、璜、珠等。

墓中出土的一件镯形玉琮，外壁以减地法突出四块对称的长方形凸面，上线刻兽面图案，被学界认为是良渚文化最早的玉琮形态之一。这次发掘不仅在良渚文化地层里发现了玉琮等文物，而且确认了玉琮上的繁密花纹为兽面纹。

吴兴草鞋山遗址、张陵山遗址的发掘，使早先被误认为是"汉玉"的琮、璧等文物得以正名，恢复了原来的历史面貌，也间接地证实了浙江省考古人员 1963 年在苏家村和 1971 年在桑树头发现的玉器的可靠性。

进入 20 世纪 80 年代，良渚文化遗址的发掘进入了一个鼎盛阶段。江苏武进寺墩、上海青浦福泉山两个良渚文化遗址的先后发掘，进一步拓展了良渚文化玉器出土的品种、数量，使人们对良渚文化的认识有了质的飞跃。

寺墩遗址位于江苏省常州市东北，原属武进市郑陆镇三皇庙村。1982 年，南京博物院在清理武进寺墩一座墓葬时，发现随葬玉器 120 多件，其中有玉琮 33 件、玉璧 24 件，数量之多已非其他同时期的高等级大墓所能比拟。这种葬式，后来被命名为"玉殓葬"。

寺墩 M3

　　福泉山遗址位于上海青浦区重固镇西侧，1962 年由
上海市文物管理委员会普查时发现。20 世纪 80 年代，
考古人员对福泉山遗址进行发掘，确认福泉山实际上是
一座人工堆筑的高台墓地。

　　福泉山遗址的发掘，第一次从考古地层学上明确

福泉山遗址

人工堆筑的高台墓地是良渚文化权贵墓地的主要埋藏方
式，它为其后类似权贵墓地的发现提供了重要的经验和
线索。

福泉山遗址人工堆筑的高台，被中国考古学泰斗苏
秉琦先生称为"中国的土筑金字塔"。

苏秉琦先生并用诗意的语言，作出了如下的判断：
"自秦汉以来用'山陵'一词称呼帝王冢墓，渊源甚古。
我们这个号称具有五千年历史的文明古国的黎明期历史
虽然还是'若明若暗'，但已决不再是'虚无缥缈'的
传说神话了。"

客观地看，从良渚文化命名之后的一二十年间，关
于良渚文化的发掘和研究工作，在其核心区所在地浙江
暂时地陷入了停顿，反倒是周边的江苏、上海等地率先
实现了突破，呈现出了"墙内开花墙外香"的局面。

吴家埠遗址

不过，这个局面只是暂时的。进入 20 世纪 80 年代之后，渐渐地，浙江省的考古工作者也开始发力，并在良渚文化遗址的发掘上取得了一些令人瞩目的成就。

1979 年，原属浙江省博物馆考古部独立建制，成立了浙江省文物考古研究所，壮大了浙江省的考古力量。从 20 世纪 80 年代初起，浙江省文物考古研究所在良渚这一区域做了大量的不间断的工作。

工作首先在吴家埠遗址取得了突破。

吴家埠遗址位于余杭瓶窑镇西北，1981 年 3 月，当地的北湖砖瓦厂在吴家埠西南坡取土时，发现了玉琮、玉璧、石钺等良渚文化遗物。

浙江省文物考古研究所闻讯，立刻组队前往当地进行抢救性发掘。发掘一共进行了两次，分别于当年的 3

月 11 日—6 月 26 日、10 月 4 日—12 月 5 日进行。

通过发掘，考古人员在吴家埠遗址发现了马家浜文化、崧泽文化与良渚文化三个时期的文化堆积，共清理马家浜文化墓葬 8 座，崧泽文化晚期和良渚文化墓葬 20 座，出土了大量的陶器、石器和玉器。

这是良渚遗址群内第一次较大面积的考古发掘，证明了在遗址群范围内除良渚文化遗址外，还有更早的马家浜文化与崧泽文化的遗址存在。

此后，1981 年底至 1982 年初，浙江省文物考古所又组队对良渚遗址群及周边地区进行了有目的的考古调查。这次调查，东起塘栖，北至天目山余脉（余杭与德清交界的一带），西至彭公，南至勾庄、三墩。

考古人员在遗址群内新发现史前遗址 20 余处，并且在余杭勾庄乡和德清三合乡也发现了数处良渚文化遗址，从而对良渚遗址群内遗址的分布情况有了最基本的了解。

1983 年底至 1984 年初，考古人员又再次对嘉兴雀幕桥遗址作了发掘，清理良渚文化墓葬 5 座。

当然，最令人激动的考古发现在 1986 年悄然来临。这一年 5 月，在余杭的反山，发现了十余座显贵者墓地，一大批前所未见、精美绝伦的良渚玉器赫然面世，极尽雕饰的"琮王"也神秘现身。

紧接着，1987 年在瑶山又发掘了祭坛与墓地的合体，同样出土大量精美玉器。

对于良渚遗址群来说，反山、瑶山的惊世一掘还只是一个前奏，此后汇观山、莫角山等重要遗址轮番展露，交相辉映，"良渚遗址群"作为一个整体性的大遗址单元迅速浮出水面，良渚地区也由此吸引了学术界的目光。

到了此时，良渚——这个文化因之命名的核心区域，才迎来了早该属于它的高光时刻！

第二章

掘地惊天

反山王陵蓦然面世

时光悄然来到了 1986 年。

这一年，距施昕更最早发现良渚遗址已经过去了 50 年。浙江省文物部门正在紧锣密鼓地筹备"良渚文化学术讨论会"，以纪念良渚文化发现 50 周年。

然而，摆在浙江省考古人员面前的却是一个相对有点尴尬的现实——在周边的江苏、上海等地，此前已有一些良渚文化重大考古发现，如江苏吴县草鞋山遗址、上海福泉山遗址，都引起了不小的轰动；但在良渚遗址发现地的浙江，此时已知的遗址只有苏家村、桑树头、黄泥口、吴家埠等寥寥几处。

不仅遗址数量少，从发掘调查结果看似乎也不尽如人意：长坟以黑陶为主，苏家村大部分为扰乱堆积，桑树头出土玉璧时，人们尚未意识到是良渚遗物，黄泥口出土的玉器多为小件饰品，吴家埠的良渚墓葬也均属中小规格。

浙江的考古工作者感到了巨大的压力。

让人意想不到的是，就在这一年，起初毫不起眼的反山发掘竟迎来了良渚文化发掘与研究的新的重大突破，为良渚文化发现 50 周年献上了一份最隆重的厚礼！

这年春天，当时的余杭县长命乡一家普普通通的乡镇企业——余杭长命制动材料厂，因扩建厂房需要，准备征用厂房后面一个名叫反山的小山包。

当时这个小山包上种有若干小块的茶叶和番薯，间或夹杂着星星点点的荒坟乱冢和大片一人多高的茅草，初看去只是一块名不见经传的蛮荒之地，比周围那一望平畴的水稻田身价低多了。

但谁曾料到，这个乍见并不起眼的小山包，底下竟然藏着惊天的秘密。

这家乡镇企业在扩建厂房时，选中了反山，把厂区北围墙建在了反山顶部北侧。因为这是在良渚遗址区内动土，时为浙江省文物考古所文保员、家就在反山附近的费国平便把这件事报告了所里。

接到报告，省考古所立即派王明达、芮国耀二人前往现场，在费国平的陪同下考察了反山。通过对反山西部断面及新挖围墙基槽的地层分析，考古人员断定这是一个人工堆起来的"熟土墩"。

几经周折，浙江省文物考古所的考古队于 5 月 8 日进驻反山现场，次日开始布方发掘。

但是一开始发掘似乎并不顺利。在最初的 20 天里，除了清理了几个毫无价值的清代和近代小墓，又清理了 11 座出了些坛坛罐罐的汉墓之外，人们期望中的良渚墓葬并没有出现，而且看上去似乎毫无迹象。

到了 5 月 29 日，出现了新情况。在第三号探方的中部，眼尖的考古人员终于发现了一块南北向的褐色斑土与周边的灰黄色土有细微差异。这个旁人几乎无法察觉的迹象极大地振奋了考古队员的信心。

这会不会是良渚墓葬的"坑口"？期待中的良渚墓葬是不是就快要露头了？考古队员们抖擞精神，格外仔细地从褐色斑土两端开始了小心翼翼的剥剔。

果不其然，在考古队员将这个探方全面铲光后，面前终于露出了南北长约 3.1 米、东西宽约 1.65 米的长方形遗迹。良渚文化的墓葬终于出现了！考古队员们开始兴奋起来。

但奇怪的是，虽然墓坑是找到了，但考古人员在接着往下挖掘清理时，却一件遗物也没有见到。30 厘米、50 厘米……一直挖到深达 80 厘米，还是没有见到任何遗物！

此时，探方的深度距地表已达 150 厘米，这已经是超出以往认识的良渚文化墓葬的深度了，却仍未见遗物露头。会不会是挖错了？考古队员中有人冒出了这样的疑问，忐忑不安的情绪又一次笼罩在了他们身上。

但此时反山考古队的领队王明达却十分冷静。他观察到探方的坑壁十分清晰，经仔细分析，他认为这的确应该是良渚时期的墓葬。他坚持了自己的判断，指示队员继续往下清理。

奇迹，终于在 5 月 31 日这一天出现了。

这一天天气并不太好，天空乌云密布，预示暴雨将至。上午发掘临收工时，在墓坑北端位置发现了一圈夹砂红褐陶口沿，直径约有 30 厘米，质地很粗疏——有器物出现了！

下午 3 点左右，技工陈越南拿着一块刚从坑内清出的沾有小玉粒和红色漆皮的土块递到领队王明达面前，王明达看到这土块，眼睛为之一亮，心情激动之下，竟然不由自主地从 1.6 米高的隔梁上跳到了坑里。

他急匆匆来到坑内，用竹片轻轻翻了一小块泥土，只见泥土中沾满了小玉粒和漆皮。他接着用竹签在坑土中仔细地搜寻剥剔，终于在墓坑中部剥剔出一件玉琮的射口。

有玉琮！这就意味着有大墓，良渚文化的大墓终于找到了！

王明达顿时一阵惊喜，考古队员们也欢呼不已。然而此时老天却来捣乱，雨点开始落下来了。此时王明达佯装镇定，命人用薄膜盖好坑底，覆上一层泥土，再将整个墓坑用薄膜罩上，边缘用泥土压实，然后宣布收工。

巨大的发现给考古队员带来了无尽的惊喜。当晚，他们回到发掘队住地，特意让人多炒了几个菜，又买了几瓶酒，几个主要的发掘队员开怀畅饮，兴奋地谈论着这次发现将会产生的作用和意义。

因为雨天积水，发掘停了一天。6 月 2 日一早，发掘继续进行。浙江省文物考古所考古二室主任牟永抗在领队王明达陪同下赶赴工地，他让王明达再剥剔一下坑内的填土，看看有没有更明确更有价值的器物。

当王明达把最先发现的那个玉琮的上部剔出，露出外方内圆的玉琮器形时，他激动地连呼："快叫牟永抗，快叫牟永抗！确定了！确定了！"

随后众人围在墓坑内，看着王明达又揭出了一大堆玉器。至此，反山发现的这座良渚文化大墓已确定无疑，所有人都兴奋不已。

这座按照顺序编号为 M12 的大墓，是浙江地区发掘的第一座良渚文化时期贵族墓葬。从器物露头到清理完毕，共历时三天。

由反山考古队领队王明达亲手在土中剔出的这件玉琮，是一件三节玉琮，因为口高，刚好剥剔到它的射口。

反山 M12

反山 M14 中部尚未完全剥剔的部分器物

这件编号为 97 号的玉琮，也是良渚古城范围内第一件经科学考古发掘的玉琮。而考古队员最先确定的这第 12 号墓，就是后来被确认为"王墓"的最大的一个墓葬。你说巧不巧？

有了第一个大墓的发现，后来的发掘就顺理成章，异常顺利了。从 6 月 3 日开始，考古队集中力量铲光各探方的地面，以寻找更多的墓口暴露迹象。很快，一个接一个的良渚大墓陆续在考古队员的手铲下露面了。

首先露面的是位于五号探方的第 14 号墓（编号为 M14)，接着，在三号探方的西部发现了 M16，东部发现了 M17，在一号探方发现了 M13，在一号与二号探方相邻地段发现了 M15 和 M18……

由于发现墓葬越来越多，而且墓穴大而深，加之随葬品异常丰富，发掘工作十分繁重。

发掘过程中，考古队员为了避免墓内随葬品受到损伤，剥剔器物时，一律不用金属工具，而是把竹片削成大小宽窄各异的工具，小心翼翼地清除泥土。

由于墓穴深，清理到一定程度时，墓坑里全是器物及一些重要的遗迹，人一下去几无立足之地。考古队员群策群力，想出了一个绝妙的"悬空操作法"。

什么叫"悬空操作法"呢？就是先用两段毛竹横架在墓口两边，再用绳索吊下两段毛竹放在墓内，然后在墓内的毛竹上铺上木板，离随葬品10厘米左右，不碰到一件器物，木板可以一块块移动，考古队员蹲在木板上，清理一段再移动一段。

这个办法好是好，但这样清理，人几乎是趴在木板上，其艰苦程度可想而知，腰酸背痛，一下子人都站不起来。但当清出一件器物，又是一件器物，似乎有剔不完的随葬品……望着琳琅满目的文物在自己的手中一件件地重见天日时，大家都忘记了疲劳，吃力地伸一下腰，又埋头继续干。

从6月3日至7月5日，考古队完成了M12—M19一共8座大墓的清理。此时酷暑季节已经来临，为避免炎热高温影响遗迹的判断和遗物清理，考古人员暂停了野外工作。

9月3日，反山考古队原班人员开始了下半年的发掘。在打掉T3和T4的隔梁后确认了M20、M22，打掉T5和T6的隔梁后确认了M23。到10月4日，发掘区墓葬全部清理完毕。

反山 M17：22 号玉钺、23 号石钺与成串珠饰出土现场

经过五个多月的发掘，考古人员不仅证实反山是一座由人工搬运泥土堆筑而成的大土墩，土方量达 2 万立方米，而且还在已发掘的 600 平方米范围内，发现并清理了一共 11 座良渚文化显贵者大墓。

通过地层关系的排列对比分析，可知这 11 座墓经历了两个不同的阶段，其中 9 座为第一阶段的墓葬，分为南北两排。

从部分墓内残留的头骨和随葬品的分布位置，可以确定这些墓葬的朝向是头在南略偏西，个别为正南，都为长方形竖穴土坑墓。墓穴宽大，长约 3 米，宽约 2 米，多数墓深 1.3 米，墓内还有木质的葬具，有的甚至棺椁齐全。在发掘现场，往往能看到板灰的痕迹，有的板灰上还有大片的朱红色涂层。

从墓葬布列及位置、随葬品数量、器种、精美程度等分析，全墓地以 M12 为中心，它的随葬品数量最多，器种最全，纹饰最精美。其中玉琮就达 6 件，而且"琮王"、"钺王"、柱形器等多件器物雕有完整的神人兽面纹，显示了至高无上的王者之尊。

M20 位居其次，同样器种齐全，并有玉琮 4 件，石钺 26 件。M14、M16 和 M17 随葬品数量多，都拥有玉钺，又分列于 M12 两侧，地位也很显赫。根据钺、琮从男，纺轮、圆牌、璜饰从女的推论，以上 5 座墓主人都应为男性贵族。

M22 既无玉钺也无玉琮，但随葬璜、雕琢龙首纹的圆牌等，应属女性贵族。该墓位于 M12 的北侧，是反山所有墓葬中唯一在玉璜上雕有完整神人兽面纹的墓葬，似为 M12 墓主人的配偶。

M23 虽有玉琮但无玉钺，随葬品中的璜、纺织件、圆牌饰等表明墓主人可能也是女性贵族。此墓位于 M14 的北侧，墓主与 M14 主人可能存在配偶关系。

M15 和 M18 位于墓地西侧稍远，墓穴较浅，随葬品数量、器种等均逊于上述各墓，但有资格入葬反山墓地，且有玉琮、雕琢神人纹的玉梳背等数十件玉器，其墓主的身份地位也不会太低，很可能是上层贵族的"臣僚"一类人物。

通过发掘，可以证实反山是座人工堆筑的高台土冢式的良渚文化显贵者专用墓地，而且在这个高端显贵墓地内也存在着主从等复杂的内部关系。

反山显贵者大墓群中出土的文物数量惊人。据统计，出土随葬品多达 1200 余件（组），其质地有陶、石、玉、象牙、嵌玉漆器等，其中玉器占九成以上，达 1100 余件（组），单件数量超过 3500 件。

玉器种类丰富，有琮、璧、钺、柱形器、环镯、冠状器、三叉形器、锥形器、半圆形器、璜、带钩，形态不一的管、珠、鸟、鱼、龟、蝉等 20 余种，还有大量漆器上的镶嵌玉片、玉料等。尤其是"琮王""钺王"以及玉器上巧夺天工的"神徽"图像的出现，更是令人叫绝。

这是已知出土玉器数量最多、品种最丰富、雕琢最精美的一处良渚文化高等级墓葬。良渚大墓主人显贵者的身份在考古人员的铲下被一一掀起了神秘的面纱，1100 多件（组）大大小小的玉器，在历经数千年岁月尘封之后，奇迹般地呈现在世人面前。它以令人目眩神摇的事实，记录着反山昔日的辉煌，也宣告着这是良渚文化发现以来最令人欣喜的一次丰收。

王的葬礼

反山大墓的发现，震惊了中国考古界。

一开始报道这次考古发掘时，都是称它为"反山墓地"，包括发表发掘简报时，也用了"反山墓地"这样的名称。

后来提法慢慢改了，称"反山显贵者大墓"。因为从墓葬规模、随葬品的数量和种类来看，毫无疑问，这是已知的良渚文化遗址中出土玉器数量最多、品种最丰富、雕琢最精美的一处高等级墓地。

再后来，关于"王陵"的提法开始出现了。最早提出这个说法的是中国考古学界的泰斗苏秉琦先生。

反山考古队领队王明达后来回忆，有一次他去北京汇报工作，苏秉琦先生在跟他谈话时，就对"反山墓地"的提法不甚满意，问是不是可以称为"王陵"。

的确也是，从墓地营建规模之巨大、随葬品之丰厚，以及出土玉器数量之多、雕琢之精来看，至今还没有任何一处良渚文化墓葬可与之媲美，这不是最高等级的"王陵"是什么？

从那之后，"反山王陵"一说渐渐为学术界所接受。

现在来看，苏秉琦先生的确有先见之明。2006 年良渚古城遗址被发现而震惊天下，那雄伟的城墙、高大的宫殿台基、古老而庞大的水利工程，以及数以万计象征权力与信仰的精美玉器，无不隐隐透露出一个 5000 年前的"良渚王国"的神秘气象，而反山显贵者大墓显然就是那个"王"的陵寝所在。

反山王陵是个人工堆筑而成的巨大高土台，像"土筑金字塔"。王陵里一共发现了 9 座良渚文化早期高等级墓葬。那么，其中哪一座是真正的"王"的陵墓呢？

考古人员的眼光自然地投向了最早被发现、墓葬规模最大、墓中出土玉器最多最精美的那一座：反山第 12 号墓（M12）。

这个墓是最先被发现的。全面揭露之后，考古人员发现，M12 主人全身铺满了玉器，"玉琮王""玉钺王"均出其中，此外还有豪华权杖的玉端饰、成组锥形器、三叉形器、环镯、管珠……如果以单件计算，反山 M12 随葬品数量多达 658 件。

M12 无论是玉的种类、数量，还是品质和雕刻的精细度，尤其是"玉琮王""玉钺王"，都是出类拔萃的，是迄今发现的良渚文化最高等级的墓葬。

虽然葬在反山王陵里的都是级别甚高的贵族，但从随葬品来看，M12 的主人或许就是"王中之王"。

那么，这位良渚文化早期"王"的葬礼，究竟是怎么样的？王的葬仪，有什么讲究？

考古人员通过现场观察，仔细分辨土色、土质，再结合部分随葬品的倾倒、破碎情况，像侦探破案一样，重组线索，基本上还原了当初的情景。

从发掘现场看，作为葬具的棺椁已经朽烂不存，但依然留下了一些遗迹。王的墓底"棺床"呈凹弧形，像一个船底。"良渚王"所葬的棺木是一个独木棺，外面还搭建有一个长方形的木椁，用来保护独木棺。

考古人员根据墓坑遗存的痕迹判断出当时王墓所用的棺为独木棺，这并非凭空臆测，而是有考古发掘的实物例证。考古人员曾先后在海宁小兜里、良渚庙前和卞家山等遗址中都发现了使用独木棺的良渚文化墓葬。由此可以推断，当时的人流行用独木棺，由独木剜制而成，呈凹弧形，跟独木舟很像。

为什么良渚人要把棺材做成船的样子呢？曾长期报道良渚遗址考古的记者马黎提出一种猜测：良渚人因生活在水乡，日常跟船只打交道，所以将最终的安身之处做成船形，或许也是人情之常。这样的推测不无道理。

M12 中出土大量的随葬品，从种类看，分为玉器、石器、嵌玉漆器、陶器四种，以玉器占绝大多数。我们先来看看考古人员整理的 M12 随葬品清单：

石器 5 件，均为石钺。

嵌玉漆器 2 件，一为嵌玉壶，一为圆形嵌玉器。

陶器 4 件，分别为鼎、豆、罐、大口缸。

玉器共编了 158 号，具体为：冠状器和三叉形器各 1 件，特殊长玉管 1 件，半圆形饰一组 4 件，成组锥形器一组 9 件，单件锥形器 2 件，锥形器套管 1 件，带盖柱形器 1 套，单件柱形器 3 件，玉琮 6 件，玉钺 1 套，权杖 1 套，镯形器 1 件，玉璧 2 件，柄形器 1 件，各类端饰 8 件，琮式管 11 件，龙纹管 2 件，余为穿缀的管珠和镶嵌的玉料。[①]

这些随葬品在墓中是如何放置的呢？

虽然墓主人的骨殖早已腐朽不存，但考古人员根据器物出土的位置和状况，大致复原了入殓时这些玉器原本放在主人身上的位置。

棺内南端有 69、165、167 号管串组成的棺饰，根据野外 1∶1 原大的测绘判断，原先状态应是环周状。

墓主头端上方有带盖柱形器一组，作为棺饰，或作为墓主的头饰。4 件一组的半圆形器、小石钺位于墓主头部上方。

从出土时情形分析，4 件半圆形器半圆朝下，有缝缀隧孔，说明原来是缝在皮革类的载体上，作为头饰佩戴，围径有 30 厘米，看起来的确像个"王冠"。

墓主头部镶插冠状器、三叉形器，佩戴的成组锥形器散落在大琮射面上，墓主头部极有可能枕在大琮上。

头部位还有错落雕琢 12 幅完整神像和神兽像的柱形器，极有可能原先也被枕于墓主头下。

①浙江省文物考古研究所：《良渚古城综合研究报告》，文物出版社，2019 年，第 72—73 页、第 77 页。

杭州风貌

H A N G

Z H O U

良渚文化"玉琮王"

良渚文化"玉钺王"

　　"玉琮王"被平正地放置于墓主人左肩上方，整器呈扁矮的方柱体，通高 8.9 厘米，上射径 16.5—17.5 厘米，重约 6500 克。形体宽阔硕大，纹饰独特繁缛，当为良渚玉琮之首。

　　半球形隧孔玉珠也位于墓主头部位置。考古人员推测可能是墓主的耳饰。这就有意思了，难道那时的王也流行打"耳洞"了？

在墓主胸腹部位，放着一组 70 件的玉管串。考古人员推测，这极可能是项链，也可能是用于裹尸的附件。

墓主手臂上也有装饰。这个部位出土了 4 件玉琮和 1 件环镯，可能分别作为墓主的左、右臂钏。根据臂饰的出土位置，墓主右臂下还放置了 2 件象征财富的大孔玉璧。

墓主左侧放置配有玉瑁镦的大玉钺，玉钺柄嵌玉髹漆。这件玉钺长 17.9 厘米，上端宽 14.4 厘米，刃部宽 16.8 厘米，最厚 0.9 厘米，是迄今发现的最大玉钺，被称为"玉钺王"。

这件"玉钺王"可以说是除"玉琮王"之外又一个王者身份的标识。玉钺是王权、军事统帅的象征。"玉钺王"刃部朝东，两面均雕刻神人兽面像和神鸟像，这也是迄今发现唯一雕刻有神像的良渚玉钺。

墓主上身交叉叠放着两件装配豪华玉瑁镦的权杖，这块像斧头一样的玉钺两端，还组装了玉质的瑁（冠饰）和镦（端饰）。中间有 5 颗小玉粒，应该原本镶嵌在玉钺柄上。但是出土时，作为"支架"的柄——连接瑁和镦的载体已朽不存。

权杖出土时，镦就插在琮里，琮在这里好比一个底座。

在墓主腰间部位，出土了玉柄形器。这件器物用途迄今不明。

还有两套带套管的锥形器，可能作为墓主右手手握。编号为 75 的一组玉管并列串系，应该缝缀在墓主下衣上。

墓主下身右侧放置两件装配玉端饰的特殊杖，杖身嵌玉。

墓主脚端部位横向放置装配玉镶插端饰的特别用具，端饰扁平，顶部有凹缺，这类端饰仅出土于反山拥有成组半圆形器的四座墓内（M12、M20、M23、M14）。

墓主脚端部位一侧还随葬了类似"太阳器"的嵌玉髹漆圆形器。圆盘外周一圈镶嵌着光芒形、梅花形的玉粒，极其精致。

墓里还有几件做工很复杂的嵌玉漆器。比如一只翘流嵌玉漆壶（在发掘反山时最先发现的带玉料的漆皮就属于这件器物）。

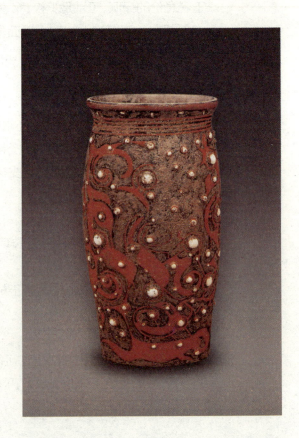

良渚文化嵌玉
漆杯（复原）

漆壶器身遍布镶嵌的大小玉料，星星点点，总数有141颗，最小的长度仅有一二毫米。嵌玉漆壶出土时早已朽毁，后来经上海博物馆老匠人精心修复，后人才得以知晓当时的制作工艺——先用滚磨工艺加工细小玉粒，再利用漆作为黏合剂，把各种镶嵌玉结合在木质的胎体上。

除了玉器和嵌玉漆器，墓主身体左侧还依次放置刃部朝北的石钺4件。

通过以上的叙述，一个5000年前的"良渚王"葬仪一一呈现在了我们面前。那繁复成组的玉礼器，是良渚先民所创造的物质文化和精神文化极其丰富多彩的一个缩影。

瑶山惊现祭坛

反山王陵的成功发掘，轰动天下，成为中国考古史上的一座丰碑。但惊喜远不止此，接二连三的重大考古发现接踵而至。

就在反山发掘之后一年，与反山所在的长命乡毗邻的安溪乡瑶山，农民在挖番薯地时发现了玉器，以此为契机，考古工作者再次组队开始发掘。

瑶山位于安溪乡（今属良渚镇）下溪湾村，在其北部和东北部是山间的小谷地，原来有一条山间小溪流，自西北流入东苕溪。山并不高，只有三十几米，山上种着些杉树和茶树。

1987 年春，离瑶山不远的一个叫羊尾巴山的地方有人无意中挖到了良渚玉器，卖给了文物贩子。这一消息传开，引起了下溪湾村村民的躁动。

有村民回忆起过去在瑶山上种茶树锄地时也曾有玉器出土，于是上山翻掘，果然又发现了玉器。一时间瑶山出玉的消息不胫而走，旋即引发了 5 月 1 日上百村民蜂拥上山盗掘玉器的事件。

好在盗掘事件及时被当地政府出面制止，因盗掘而流失的 344 件玉器也被陆续追缴回（其中有 7 件珍贵的玉琮）。5 月 3 日，浙江省文物考古研究所派人进驻瑶山进行抢救性发掘。

考古队员到达现场，看到满地盗坑，满目疮痍，触目惊心。

但清理完盗掘现场之后，考古队员又感到庆幸：只有一个较大的盗坑彻底破坏了一座良渚大墓（那些被追缴回来的玉器均出自此墓），而其他盗坑中还没有发现破坏良渚墓葬的情况。

更让人高兴的是，考古人员在盗坑壁面上，观察到了可能还存在其他良渚文化大墓的迹象。

这会是又一个反山大墓吗?

此前一年，队员们刚刚参与了反山大墓的发掘，内心的兴奋和喜悦仍未完全退去，自然而然对接下来的瑶山发掘充满了期待。

果然，在取净 20 多厘米的表土后，考古队发现了一个奇怪的现象——一个土色斑斓的方形台面呈现在眼前。

整个台面出露于瑶山西北山坡，表面平整，边围方正。自内而外，有三重土色：

最里面的一重土呈红色，略作方形，第二重土为灰色，围绕着中间的红土呈"回"字形分布，宽 1.7—2.1 米，形若一道围沟。最外层则是黄土筑成的台面，从残存较多砾石来看，原来的外重台面应都铺有砾石。三重土台

瑶山祭坛及墓葬

瑶山祭坛石坎

的外围边长约 20 米，总面积约 400 平方米。

　　由于依山势堆筑，西北角落差较大，整个大台子的西、北外缘铺设石坎加固。石坎由砾石叠砌而成，叠筑整齐，自台面至台底向外斜覆，在土台西北角直角相交。

　　这又是一种什么性质的建筑？

　　我们至今依然能看到高台顶部为修整山体而垒石包边的拐角，整齐结实。高台以下尤其是西部和南部，也有多道为了加固堆土和框定范围的石坎堆砌。最西部的石坎与高台顶部面高差达 5 米，最南部的石坎与高台顶部面高差约 3 米，整体呈慢坡状。

　　高台顶部是个耐人寻味的三重"回"字形方框，没有房屋等具有空间形态的建筑遗迹。而这些灰土，是从山外有意运来的。红土正好位于方框中心，方框外的台体用黄土加以修正，三重土色分明，转角方正，布局规整，显然是经过精心设计，认真营建的。

　　高上加高的设计，也显然是有意识的。

　　这应该是一个祭坛。在山上建坛，高上加高，又作方形，与传统的"地方"之说不谋而合，此台应该有通向上天之意。发掘者当时就判断它是以祭天礼地为主要用途的"祭坛"。

　　这是一个令人振奋的重大发现！考古人员第一次在良渚遗址中发现了先民祭祀的专用场所。

　　曾参与发掘的考古学者刘斌后来在这里进行了两年的实地观测，发现日出的方位与祭坛的四角所指方位具

瑶山 M7 全景

有惊人的一致性。更惊人的是，如果将灰土框移位，则会因为山脉的遮挡而无法在同样的角度观测日出日落。

可以想象，5000 年前的良渚人曾在这里举行庄严的仪式，也观测天象，这里竟是一个史前的观象台。良渚文明的农业成就，也与早期良渚人的历法实践息息相关。

考古工作进展到这一地步，已经是一个重大的突破了，但是，更大的惊喜还在后头。

随着发掘的继续进行，考古人员很快在祭坛面上发现了大墓的遗迹。

祭坛上竟然有大墓！原来这是一个良渚时期祭坛与墓葬复合的遗址！

墓葬一共有 13 座（其中一座被之前的盗掘破坏），分成南北两排，排列有序，南排 7 座，北排 6 座。

因为有了前一年发掘反山大墓的经验，考古人员对瑶山大墓的发掘异常顺利，不到一个月就完成了对瑶山顶上所有大墓的清理。

这些墓葬共出土玉、石、陶、漆器等制品 754 件（组），单件计达 2660 件。和反山王陵一样，随葬品也以玉器为主，共有 678 件（组），占比近九成，反山墓地所见的器种几乎都有。[1]

从墓葬规模和玉质礼器的数量、种类、纹饰、质量等等无论哪个方面来看，瑶山墓地都是目前所见仅次于反山的良渚文化贵族墓地。

从墓中随葬品中陶器的组合以及玉器形态特征的研究判断，考古人员确认瑶山墓地的年代为良渚文化早中期阶段，与反山王陵差不多同时。

瑶山遗址的发现和发掘意义重大，但同时也留下了一些谜团。

最大的谜团是，瑶山的祭坛和墓地之间究竟是什么关系？

最初，发掘者认为这是一处祭坛和墓葬复合的遗址，但这个说法很快被他们自己否决了。因为从考古地层上看，瑶山的墓葬打破了祭坛，显然墓葬要晚于祭坛。而且，

①浙江省文物考古研究所：《良渚古城综合研究报告》，文物出版社，2019 年，第 237 页。

虽然多数墓葬位于祭坛范围内，但也有几座墓葬明显超出了祭坛边际。

考古人员分析，这些墓葬有可能是在这座祭坛废弃之后才埋设的，因为埋葬者已不知祭坛的原有格局，故而才会有墓葬超出祭坛边际的现象。

真相现在已无法探寻，总之，这座原先的祭坛变成了又一处专门埋葬高级贵族的墓地。从墓中随葬的玉器数量和精美程度看，这一墓地的主人身份地位丝毫不亚于反山大墓，说不定，这是又一处"王"的墓陵。

瑶山大墓分南北两排，出土的陶器组合相同，都是陶鼎、陶豆、陶圈足罐和陶缸。但除陶器外的随葬品组合则完全不同。

南排墓中器物组合为玉冠状器、带盖柱形器、三叉

瑶山 M7 三叉形器
出土现场

形器、成组锥形器、钺、小琮及石钺；北排墓中器物组合为玉冠状器、璜、圆牌和纺轮，没有石器。

按照史前墓葬的惯例，凡纺轮和斧（钺）不共见者，一般可作墓主性别的区分。据此，发掘者推断瑶山南排是男性墓，北排则是女性墓。

其中北排的 11 号墓主，被认为是瑶山墓地中身份地位最高的女人——有可能是良渚王国的王后。

良渚王后头戴玉饰，挂着由玉璜、成组圆牌等串成的玉器组佩，手戴玉镯，连象征女性身份的织具纺专都是玉做的。圆饼状的纺轮由白玉制成，细细长长的捻杆穿过钻孔，为青玉质，合起来称为纺专。

王后墓内还出土了一件绞丝纹玉镯，纹样在今天看来也极具现代感。这样的绞丝纹镯，在良渚遗址中仅发现一件，为王后所独有。

瑶山 11 号墓的随葬玉器无论数量、种类，还是品质，都是良渚文化女性墓之最，还超过了多数男性贵族墓。

更重要的是，瑶山，也是迄今发现年代最早的最高等级良渚墓葬，距今约 5300 年，营建时间就在良渚文化早期，比良渚古城、外围水利系统的建造时间都要早。

在祭坛上的墓，还随葬这么多玉质礼器，这些墓主人究竟是谁？生前的身份，一定极其特殊。

考古人员在对瑶山的发掘中，还发现了另外一个令人费解的现象：虽然瑶山大墓中同样出土了大量玉器，但是却不见一块玉璧。

圆圆的玉璧通常被视为财富的象征。但瑶山这些地位显赫的贵族墓地却决然不用玉璧。按照后世《周礼》中"苍璧礼天"的说法，怎么这个祭坛上的墓地反倒没有一件玉璧？

围绕这个问题，学者们也饶有兴致地展开了分析探讨。

一种看法认为，或许是这些贵族当时得不到适合制作玉璧的大块原料，所以墓中没有玉璧随葬。

另一种看法认为，虽说玉璧象征财富，但以墓主人显贵的身份，已不需要世俗的玉璧来陪葬了。

更有人套用后世《周礼》"苍璧礼天，黄琮礼地"之说，认为玉璧是祭天的礼器，而瑶山是一处祭地的场所，所以不用玉璧。

目前唯一勉强可以解释这一现象的假设是，瑶山墓地建于良渚早期，墓主是良渚遗址群内最早获得控制权的贵族，当时新的葬俗和葬仪还在形成之中，玉璧等个别器种或许还未被赋予特殊的含义。

汇观山再现祭坛

谁也没有想到，发现瑶山遗址仅仅四年之后，又一个良渚文化时期的祭坛遗址被发现了，重现了瑶山祭坛的情形。这就是汇观山遗址。

汇观山是瓶窑镇北部的一座小山，南临苕溪，高约22米。山的东北角留有一个早年开采石矿留下的大坑。山顶坟包累累，杂草丛生，平时人迹罕至。

1990年春，当地有居民在山顶西南角盖房子，平整地面时挖出了玉璧、玉镯、石钺等文物。他们一开始没有声张，把这些东西带回了家，还想着将来找机会卖个好价钱。

这年冬天，他们找到了一位"买主"，但想不到，这位自称是外商的买主其实是杭州市公安局的一名侦探。居民给那位侦探看了货，但侦探无法断定这批玉器的真伪，于是到考古所找了一位专家，冒充他的亲戚去"验货"。经过鉴定，这些玉器的确属于良渚文化遗物。

公安局据此对参与挖掘和盗卖文物的人员进行了拘捕，并缴获良渚文化玉器20余件。就这样，汇观山这座

汇观山 M4 石钺出土
现场

名不见经传的小山开始进入考古人员的视线。

1991年元月，考古人员先对暴露的两座残墓作了清理，出土玉、石、陶器70多件。2月，考古人员对汇观山进行正式发掘。当扰土取尽，在西南部又发现了两座良渚墓，其中4号墓竟随葬了48件石钺，另有玉钺1件。

在此之前，还从来没有见过一座墓中出土10件以上的石钺，此墓一下子出现这么多石钺，着实令人惊讶。再看看墓坑，长4.75米，宽2.3—2.6米，比反山、瑶山墓地的墓葬规模都大。

更奇异的是，平面上还能看出棺椁痕迹，且在棺内和椁内各随葬一套陶器，这也是目前为止仅有的一例。

但是失望随之而来。偌大的山顶，竟然再找不出新的良渚墓葬。有过反山、瑶山发掘经历的考古队员都觉得，有4号墓这样规模的大墓存在，整个墓地怎么也应有十来座墓葬，难道是被后世破坏了？

正在考古人员感到沮丧的时候，一个现象引起了他们的注意：整个山顶大致呈方形，中部有一个回字形的灰色土框。这不是第二个瑶山祭坛吗？

考古人员立即兴奋起来，经过仔细清理，一个与瑶山祭坛类似的土台果然呈现在了眼前。

这个土台总体呈长方形，四面为覆斗形的斜坡，东西两边特意修成阶梯状，第二级阶梯上各有两条南北向的排水沟。长约45米，宽约33米，总面积近1500平方米，大大超出了瑶山祭坛的面积。

台面中间的灰土框内框与瑶山祭坛的尺寸相近，南北长约9.5米，东西宽约7米。在中部偏西的位置，以挖沟填土的方式，用青灰色的黏土，做成灰色的方框，从而在平面的土色上，形成了"回"字状的内外三重形式。

在原祭坛主体部分周围，还有经人工休整的平展开阔地面，其上可能有某些附属的建筑设施，但因后代开采石矿和周围建房筑坟的破坏，已不能窥测到它的全貌。

汇观山发现的四座良渚墓葬均分布在祭坛的西南部，打破了祭坛。四座墓内均发现有使用棺椁之类葬具留下的"回"字形填土结构和板灰痕迹，残留随葬品173件（组），其中玉器104件（组），包括钺、璧、三叉形器等礼仪用器。

汇观山祭坛遗址

从随葬品看，汇观山墓葬与瑶山年代相近。在相距只有 7 千米的范围内，修筑两座性质相同的祭坛，而且废弃后还都成了墓地，既说明了这种祭坛的重要性和高规格，也再一次向我们提出了疑问：这种祭坛究竟是做什么用的？为什么精心设计和修建后，又轻易地废弃了？

另外，汇观山出土了多件玉璧，这似乎暗示着瑶山大墓未发现玉璧的现象，可能与祭坛无关。

在相隔不远的地方，为什么要修建两处祭坛？会不会有功能上的差异呢？

如果将高台、方形、围沟作为祭坛的三要素，那么台面大小、台面的数重土色差异，是否可构成祭坛的不同具体内涵？比如分别祭天、祭地，或者用来观察天象、测年及季节变化。

考古人员分析，也有另一种可能，即两处祭坛分别属于两大显贵家族，因而在祭坛内涵上也存在差别。

在瑶山遗址发掘十年之后，考古队员又先后三次对瑶山遗址进行自上而下的全面揭露，发掘表明整个瑶山都经过了人工修整，1987年所揭露的只是祭坛的顶部，其基础部分呈阶梯状由上而下扩大，局部尚存护坡的卵石遗迹。这一结果又反过来印证了汇观山祭坛的主体结构，说明良渚时期的大型祭坛总体上是修造成方形覆斗状的。

史前"紫禁城"：莫角山

反山王陵、瑶山祭坛，以及后来的汇观山祭坛等重大考古成果接踵而至，令浙江的考古工作者欢欣鼓舞，信心倍增。

这些重大考古成果同时也启发了他们，让他们意识到，良渚一带曾有过一大批显赫的权贵，或许他们就是良渚时期最高的统治集团。

从已经发现的遗址现象看，高等级墓葬只是他们的身后埋葬之所，规整的祭坛只是他们的宗教圣地，那么，他们的日常居所、行使权力的政治舞台会在哪里呢?

从反山、瑶山这些良渚大墓和祭坛规模来看，可以想见良渚显贵者生前活动的场所一定也是绝非寻常。

考古人员开始了艰辛的寻找。

经过几年的努力，一处叫莫角山的遗址进入了考古人员的视野。从考古勘察得知，这里显然也是一处人工堆筑工程，规模比反山、瑶山雄伟得多。

莫角山所在地原为杭州市民政局属下的大观山果园，山上种满了桃树。此地旧称大观山，但其实真正的大观山另有其地，考古部门确认此处为良渚文化遗址后，根据它上面三座小山丘中大莫角山、小莫角山的名称，改称之为"莫角山"。

早在20世纪70年代，就曾有人在果园劳动时收集到一些陶器和石器。后来当地一村民在莫角山西南部的桑树头建房时，也曾掘得两块玉璧和一些石钺。但由于当时对良渚文化的认识还非常肤浅，以上两条信息未引起考古工作者的反应。

1977年10月，考古学家苏秉琦、吴汝祚、杨鸿勋、严文明四位先生来杭州，曾特意到良渚一带考察，经过苟山、钟家村等地点，最后到了大观山果园，坐在草地上休息。

苏秉琦先生问严文明先生："你说良渚这个遗址怎么样？"

严文明回答："很大，但是一下子看不很清楚。"

"我是说，它很重要。你看重要在什么地方？它在历史上应该占一个什么位置？"苏秉琦解释道。

严文明接着说："我看很像是良渚文化的中心。打一个不恰当的比方，假如良渚文化是一个国家，良渚遗址就应当是它的首都。"

"你说得也对，"苏秉琦似有所感，又说了一句至今意味深长的话，"我本来是想说良渚是古杭州……"[1]

①严文明：《良渚随笔》，载良渚博物院：《严文明论良渚》，科学出版社，2020年，第33页。

几位老先生当时还特意到这片果园里仔细地踏看过，可惜一片陶片也没有找到。

不过，当时仅凭有限的文物信息，考古部门无法将莫角山确认为遗址，更不用说把整个大土岗作为一个整体的遗址来看待了。

事情的转机出现在十年之后。1987 年底，104 国道在莫角山一带的路段要取直加宽，经过交涉，考古人员在莫角山东南角区段作了考古发掘。

通过发掘，考古人员发现这里有一处大面积坑状的红烧土堆积。当红烧土清理出一定厚度时，考古人员开始疑惑了：这种大块红烧土夹杂炭灰层的堆积到底是什么性质的文化遗存？是建筑物倒塌所致，还是废弃物堆积，抑或是窑场？

烧土堆积呈坡状，西北高，东南低。高处的烧土堆积薄而细碎，以草木灰为主；低处的烧土大块，夹杂数量不等、厚薄不均的炭灰层，最厚处可达 1.1 米。已发掘的烧土只是整个烧土遗迹的一部分，它的完整形态或许是一个大坑。

考古人员据此得出一个基本倾向的观点：这是一处燎祭场所，良渚先民一次次的宗教活动，逐渐形成了这样的堆积。

什么是燎祭呢？从古代文献和甲骨文的记载来看，古时确有将祭品、祭器和牺牲放在火上烧燎的祭祀仪式，称为"燎祭"。而经过焚烧，土壤中就会留下火烧土的遗迹。

考古人员对莫角山的初次发掘，没有发现什么重要遗物，对其只留下了燎祭遗址的印象。

这次发掘，虽然没有重大的收获和认识，但同样意义重大，它成为认识莫角山遗址的起点。

此时的浙江考古工作已在浙北地区清理了数十座良渚文化小墓，通过对这批考古资料的整理和研究，人们对良渚文化的墓葬分布、器物特征、年代序列等相关认识有了较大提高。

更重要的是，反山、瑶山等高等级遗址的发现，促使学者们从聚落考古的角度思考问题，由此开始意识到，周围布满遗址和墓地的莫角山，其实是一个极不寻常的人工土台。

真正地揭开莫角山的神秘面纱，是在 1992 年。

这年 6 月，位于莫角山的长命印刷厂要扩建厂房，考古部门按规要进行例行的试掘。试掘之后，考古人员首先发现了一层厚约 20—30 厘米的沙土。

在这样一个高墩上怎么会出现这么厚的一层沙土？这绝不会是自然形成，必定是由人力搬运上去的。这里很可能是一处古代人工堆筑的重要遗存！

为揭示这片沙土的真实面貌，1992 年 9 月，浙江省文物考古研究所派员进驻莫角山，在恰好位于遗址中部的印刷厂拟建厂房区域内正式发掘。

发掘中首先确认了沙土为良渚文化时期遗存，同时发现沙土遍布整个发掘区。沙土下还有厚厚的夯土层，两者密不可分。

莫角山遗址夯窝
遗迹

令人惊讶的是，在每层纯净的青灰泥上都发现了夯
窝，状如蜂窝，窝径6—10厘米，深3—6厘米。经分析，
这些夯窝均由圆头工具夯成。

经过多年的资料积累，莫角山遗址终于被证实是一
处人工堆筑的巨型土台，形态规整，气势恢宏，无论是
占地面积，还是人工营建所用的土方量，都是其他良渚
文化遗址无法比拟的。

现存的土台台底东西长约630米，南北宽约450米，
高台顶部的基本平面海拔约12米，遗址总面积近30万
平方米。遗址上部又有三个独立的台基，分别矗立在莫
角山的东北、西北和西南部，依次被称为"大莫角山""小
莫角山"和"乌龟山"。[1]

①浙江省文物考
古研究所：《良
渚古城综合研究
报告》，文物出
版社，2019年，
第67页。

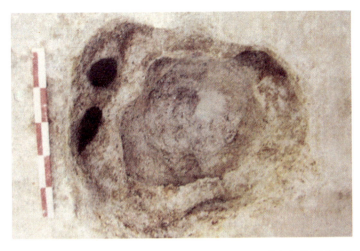

莫角山遗址柱坑遗迹

  经发掘，所揭示的面积逾 3 万平方米、考究的大型夯土建筑基址，在同时期其他考古学文化中极其罕见。基址上的数排大型柱坑表明这里曾经矗立过重要的建筑。基址上排列规整的沟埂遗迹、堆积大量石块的积石坑和填埋纯净土的灰坑等，可能是重要的礼制性活动遗存。

  所有这些都显示了莫角山遗址丰富的文化内涵和不同于其他任何良渚文化遗址的超凡地位。周围布满反山、马金口、桑树头、钟家村等数十个规模不一、规格不等的遗址，更加突显出莫角山遗址的核心地位。

  这种众星拱月的分布格局，也体现了良渚文化时期复杂而有序的社会形态，集中反映了良渚文化核心区的社会发展水平。如果遗址上的三个土台——大莫角山、小莫角山、乌龟山也被确认为良渚文化时期的遗存，那么它们很可能就是大型基址上的主体建筑。这些建筑围绕巨大的礼仪广场，构成一组庞大的建筑群，应该就是当时最高权力的象征。

莫角山是已知规模最大的良渚文化遗址，其正方形、正方向的规整形态，巨大台基上呈"品"字形分布的三座土台，规模之庞大、气势之恢宏，令人惊叹。

莫角山遗址的规模和等级在良渚遗址群内是唯一的，在整个良渚文化分布区也找不出第二个。

由此可以认定，莫角山不仅是良渚遗址群的中心遗址，也是它所控制的良渚古国的中心遗址。

莫角山遗址从设计、营建、组织指挥、劳动力投入、种种礼仪活动等诸多方面所显现的生产力发展水平，社会组织结构和意识形态，是良渚文化进入文明社会最具说服力的证据之一。

在莫角山遗址试掘之后不久，曾经多次来良渚遗址考察的著名考古学家、北京大学考古文博学院教授严文明先生写下《良渚随笔》一文，作出了如下推断：

"莫角山那个长方形土台子面积已经超过除石家河以外的较大型的城址，它是否就是良渚文化的一座城呢？"

谁也没想到，就在严文明先生写下这篇文章约十年之后，到了 2006 年底，他的这个猜想竟成了现实。

在考古人员的不懈努力之下，一座面积约 300 万平方米的良渚古城赫然面世。圆角方形的城垣矗立在莫角山四周，拱卫着莫角山，衬托着莫角山，从而使莫角山统治中心的地位更显庄严和高贵。

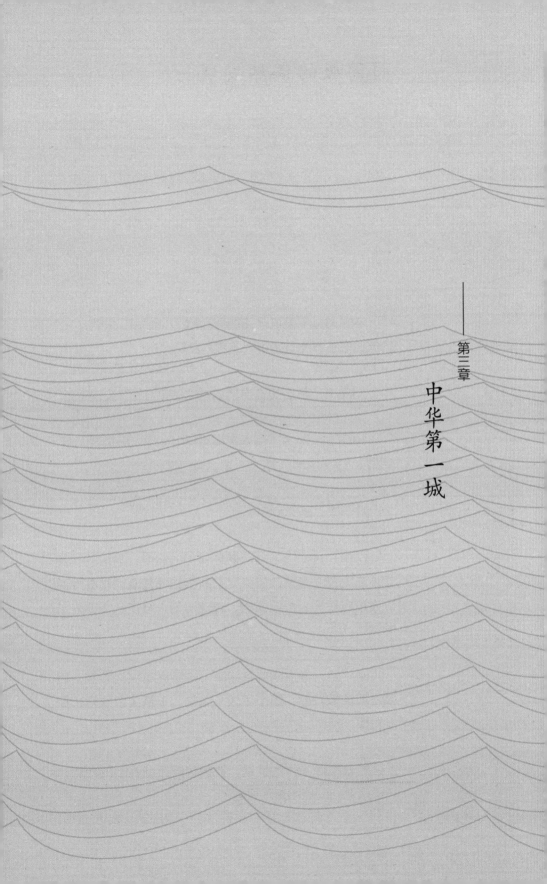

第三章

中华第一城

葡萄畈的偶然发现

不知道是不是巧合，回顾良渚文化考古史，末尾带"6"的年头似乎都会有些重大的考古发现。

1936 年，施昕更在良渚棋盘坟最早发现了良渚遗址。

1986 年，考古工作者在良渚反山发现了显贵者大墓，后出土 1100 多件（组）玉器，震惊世界。

这一次，是 2006 年。

这年 6 月，出于良渚遗址保护的需要，当地的农民需外迁安置，当地政府打算在瓶窑镇葡萄畈遗址高地西侧建设农民房。按照惯例，在建房前，考古队需要先进场试掘。

刚开始，考古队只是间隔一定距离布探沟发掘，后来发现堆积较厚，出土了较多遗物，于是决定改为布探方发掘。

随着挖掘工作的推进，在葡萄畈遗址高地的西侧，一条南北向的壕沟逐渐显露了。

这条壕沟位于杭生路西坡的坡底，宽度约 45 米，深约 1 米。壕沟的淤泥中包含有大量良渚晚期的陶片，其中有黑亮的陶豆、陶盉及宽把杯。

从出土遗物分析，这条壕沟应该是良渚文化时期的遗迹。

发掘领队刘斌感觉有戏，用洛阳铲探测，在 3 米多深的地方碰到了石块。

这些石块棱角分明，不像是天然形成，而更像是人工开采的，铺在台地的底部，数量非常多。

这一现象引起了考古人员的注意。据了解，附近村民在台地的其他位置凿井时，也曾发现过类似的石块；大观山村委大院兴建时，也在地下发现过许多石块。

石头是在 3 米多厚的黄土堆积下发现的，而且中间没有间隔，说明是一次性堆积上来的。当时人堆这么高的黄土干什么？

一开始，考古人员判断这有可能是良渚文化时期人工修建的大型河堤遗迹，并没有往城墙那个方向去想。

2007 年 3 月，刘斌率领考古队员对这处疑似堤坝的遗迹展开大面积的勘探，结果有了惊人的发现：

黄土堆积下的石块一直延伸出去，北部穿过老 104 国道直抵苕溪大堤，南部沿着杭生路一直延伸到凤山，凤山东南部的东杨家村也有黄土和密集的石块发现。

也就是说，这条南北向的堤坝状古迹，从苕溪大堤一直绵延到凤山，然后又转向东南延伸到东杨家村，全长有 1800 多米。

与此同时，考古人员在老 104 国道北侧大观山村委背后的大片田地中，布了几条东西向的长探沟试掘，同样发现了石块的遗迹。

从试掘结果看，石块的铺垫宽度竟达 60 多米，石块基础面上还有残存的黄土堆积。积石面上部，据称在 20 世纪 70 年代仍是隆起的土丘，后因苕溪筑堤被取土挖平。

随着挖掘工作的深入，石块铺筑面两边都发现了古河道。这样看来，堤坝的说法似乎难以成立。

2007 年 6 月，考古人员开始在苕溪大堤东侧寻找类似遗迹。功夫不负有心人，考古队在河池头村道旁的土丘下，又发现了坚实的黄土和密集的石块。

这条土丘呈东西向分布，与杭生路及延伸段的堤坝状遗迹呈直角，两者与莫角山的距离基本一致。到这个时候，考古队开始设想它们会不会是莫角山的城墙呢？

不久，考古队终于在河池头村高地下面发现了第一片西城墙的石头。但此后，线索又断了，尤其在找到北城墙接到雉山上后，石头又消失了。

考古队员继续追着石头跑。他们几乎翻遍了从雉山、前山到老 104 国道之间南北 1000 多米的范围，最后终于在金家弄村北面的一块农田里，又钻探到了下面的石头。

令人欣喜的遗迹现象接二连三出现了：9 月中旬，

逐渐探明了东端与雉山相接，西端连着苕溪的底部铺垫石头的遗迹范围；10 月下旬，在莫角山东侧发现了南北向分布的相关遗迹；11 月初，又找到了莫角山南侧东西向分布的相关遗迹。

至此，一个四周围合、以石块铺底、由黄土堆筑的巨大城垣完整呈现，莫角山恰好在它的中心位置，良渚古城就这样被确认了。

良渚文化时期已经有了古城！这一消息传出，举世震惊，它大大地超出了人们以往任何一次对良渚文化的认知。

在与良渚文化差不多同时期的黄河流域、长江上中游地区、内蒙古中南部的新石器时代遗址中，已经发现不少城址，有的规模达百万平方米以上，而同样明显发达且有明确中心的良渚文化，似乎没有理由不存在城址。

根据考古发掘来看，北方的城墙多以石块砌成，中原的城墙多为夯筑，而长江流域的城墙多为堆筑。由于堆筑的城墙坡度较缓，需要以外围城壕弥补缺陷，因此挖壕沟时会尽量利用天然河道。

考古人员新发现的这个良渚古城，拥有土质墙体和内外城壕，更有其特殊之处：除了墙体特别宽大（宽达 40—60 米）之外，墙体底部全部铺垫石块也是一大特色。

或许正因如此，有考古学者曾经这样总结，在考古发掘中一旦发现大面积平铺石块的遗迹现象，就有可能顺藤摸瓜地找出整个墙圈。从这个意义上说，良渚古城的发现，虽是偶然，但其实是迟早的事。

从考古调查试掘的初步结果判断，良渚古城东西约长 1500—1700 米，南北约长 1800—1900 米，总面积近 300 万平方米，是迄今为止中国境内发现的面积最大的史前城址。

古城布局略呈圆角长方形，正南北方向。城墙底部普遍铺垫石块作为基础，在石头基础之上以较纯净的黄土用"草裹泥"的方法堆筑墙体。部分地段地表上还残留 4 米多高的城墙，城外有护城河。

城墙围绕莫角山这个中心遗址分布，形成一个巨大而封闭的土石遗迹，在结构、堆筑方式及用材上，都显现了高度的统一性和整体性。

根据城墙外侧叠压的堆积判断，良渚古城使用的时间下限不晚于良渚文化晚期。也就是说，考古人员发现的这座史前古城，的确是属于良渚文化时期的。

我们来看看良渚古城的地理位置吧！

良渚古城遗址位于杭州市余杭区瓶窑镇大观山村，一处面积约 1000 平方千米的"C"形盆地的北部。古城南、北分别峙立着大遮山和大雄山，西部散布着一系列低矮山丘，东面则是敞开的平原，总体有一种以山为郭之感。东苕溪在古城北自西南向东北蜿蜒流过，最终向北注入太湖。

背后是高耸的青山，前面是直达钱塘江的一马平川，清澈的苕溪水从西面远处的天目山逶迤而来，在这块神秘的土地边上绕了一个弯，像一根银色的丝带静静地依附在它的身边。不远处，一个一个台地此起彼伏，广袤相连。这是何等优良的环境，何等博大雄浑的气势！

良渚古城核心区内发现的陶器

难怪后人要将这块土地命名为"美好的水中陆地"（良渚）。良渚人把这里作为他们的政治中心真是极有文化眼光的选择。

良渚古城的发现，具有非同寻常的意义。

良渚古城是长江下游地区首次发现的良渚文化时期城址。它串珠成链一般，将以往所知的莫角山遗址及反山王陵、瑶山祭坛（含显贵者墓地）、汇观山祭坛，乃至良渚遗址群内的其他许多遗址组合为一个整体，为研究良渚遗址群的整体布局和空间关系提供了新的视角和思路。

良渚古城的发现，也进一步提升和明确了良渚遗址群的地位，使得星罗棋布的遗址点有了更高层次的归属体系，良渚遗址群的都邑性质终于可以坐实为早期都城了。

　　著名考古学家张忠培在实地考察之后明确指出，良渚古遗址在国内独一无二，其意义与价值堪比殷墟，是中国同时期规模最大的城址，堪称"中华第一城"。

古城的三重结构

　　自 2006 年底良渚古城遗址发现以来，经过十余年持续不断的大规模勘探、调查和发掘，考古人员基本弄清了良渚古城的基本格局。

　　从调查发掘结果看，良渚古城具有复杂的结构体系和功能设计，并非仅仅围绕莫角山分布的一周城墙那么简单。

　　五千年前，依据"以山为郭，天地之中"的理念，良渚人在这块平原湿地上建起了王城。

　　王城的中心是宫殿区，台基有十几米高，面积约 0.3 平方千米。内城面积约 3 平方千米，有四个北京故宫那么大；外城面积约 6 平方千米，有八个故宫那么大。王城的北面和西面，有庞大的水利系统。最远的水坝，距离王城有十几千米。

　　这是目前所知的中国境内新石器时代最大的城址。约 5000 年前起，上万良渚人世世代代安居于此，一住就是一千年。

古城内外的结构层次分明，布局有序。核心区由内而外分别是宫殿区（宫城）、内城（包括墓葬区、作坊区和仓储区等）和外郭城，城外还有郊区和多条水坝构成的大型水利系统。

良渚古城核心区的布局与后世"宫城—皇城—外郭城"的三重结构相似，其规划视野之开阔、体量之宏伟都令人叹为观止，是中国乃至当时东亚地区早期城市规划的典范。

在考古人员的手铲下，良渚古城内的种种遗迹一一得以重现。

宫殿区无疑是以莫角山遗址为中心。由于良渚地处水乡泽国，当时的人们在充分利用水资源的同时，也要防范水患带来的危害，于是大量人工建造的土台拔地而起，莫角山宫殿区就是其中最杰出的代表。

莫角山宫殿营建在一处长方形覆斗状人工土台上，位于核心区中央偏北，面积约为 30 万平方米。在宫殿区内发现了 35 座长方形房址，朝向多为南北向，少有东西向，体量巨大，排列整齐。这是目前所知的中国最早的宫殿区，也是史前时代规模最大的宫城遗址。

莫角山宫殿区实际上由大莫角山、小莫角山和乌龟山三个呈"品"字形的小土台组成，大莫角山土台是其中面积最大者（近 2 万平方米），也是整个内城的制高点，这些都彰显了大莫角山土台的特殊性。考古人员推测，它极有可能是良渚王的居住地。

在 2017 年钟家港遗址的发掘中，发现了大型建筑木构件和墙体碎块，出土位置紧邻莫角山东坡，极有可能

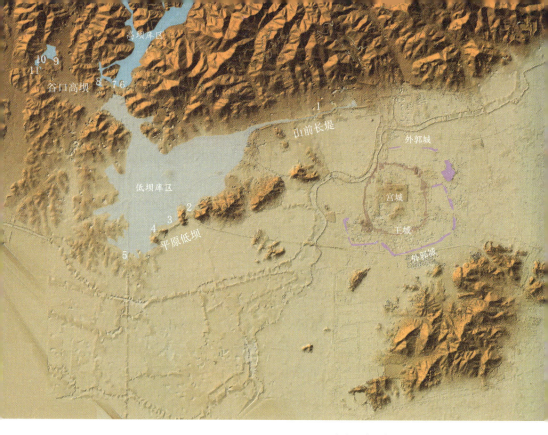

良渚古城及外围水利系统示意图

与上面的房屋建筑密切相关。不难想象，那时土木结构的宫殿十分宏伟壮观，大型木构件撑起了整个建筑的框架，十几米长的木构件之间以榫卯的方式相连，使得整个建筑能够承受较大的负荷。

从发现的墙体碎块来看，当时的墙体是以竹子为骨，用草拌泥一层层平整地涂抹在上面，将较为纯净的黄色黏土调和成泥浆刷于外壁，随后用火炙烤，就成了坚固而又利于防潮的红烧土墙面。工艺如此考究的红烧土墙在长江下游的新石器时代遗址中颇为罕见。

在良渚古城内外发现过不少良渚时期的墓葬，根据墓葬规模大小和随葬品的多寡，至少可以粗分为国王、贵族以及平民三个等级。与宫殿区一水之隔的反山就是王陵所在地。

反山王陵可以说是高等级贵族墓葬的典型代表，也是良渚时期所有墓地中等级最高者。在反山南侧还分布着姜家山贵族墓地，说明在古城核心区的功能布局中，宫殿区西侧区域自北向南被规划为王陵和贵族墓地。

古城内还发现了仓储区遗迹。良渚时期人们以稻米为主食，考古人员在古城核心区内找到了好几处与水稻遗迹相关的重要仓储性遗存。在莫角山一斜坡上的一个大型灰坑（H11）中，曾出土约 1.3 万千克的炭化稻米。在莫角山以南的池中寺遗址内，更是发现超过 19.5 万千克的炭化稻米，这无疑是城内最大、最核心的稻米仓储区。

古城内还有专门的手工业作坊区。考古人员在宫殿区以东的钟家港古河道内，发掘出大量玉器、石器、骨器、漆木器的原料和半成品，由此推测，当时的古河道两岸分布着各种门类的手工业作坊。

考古人员推算，鼎盛时期的古城内生活着约 2 万人，其中绝大部分为贵族和手工业匠人。匠人们在城内作坊区中制作各类产品，以满足贵族的日常生活所需。

良渚古城的内城由长约 6 千米的夯土城墙围合而成，面积近 300 万平方米。在城墙区位的设计中，凤山和雉山两座独立的石头小山，分别被设计为城墙的西南角和东北角，两山遥相呼应，山上可以俯瞰全城。

城墙高约 4 米，底部普遍铺垫石头地基，厚度 20—40 厘米，墙体用取自山上的黄色黏土堆筑而成。由于城墙建于沼泽湿地之上，为了防止暴雨洪水的侵袭，且阻断地下水向上渗入墙体，良渚先民因此选择了这种"垫石筑墙"的独特方式。

城墙宽度不等，窄的约20米，最宽的则达到了150米，宽的部分如同马面凸出，延伸到水中，也正好可以起到码头的作用。

城墙内、外都有河道环绕，形成便利的水陆交通体系。考古人员通过发掘探测，发现古城共有9座城门，包括8座水城门和1座陆城门。

四面城墙各有2座水城门，古城内外的河道通过水城门相接，西、北、东三面城墙内外都有城河，构成"夹河筑城"的结构。唯一的陆城门位于正南面中心位置，由三处互不相连、对称分布的小型夯土台基构成。由此可见，当时古城内外出行以水运为主。

古城核心区外围北、东、南、西南方向，被扁担山、和尚地、美人地、里山、卞家山、文家山等一系列长条形台地围绕，构成了合围面积约6平方千米的外郭城。

通过解剖发掘，证明这些土台直接在沼泽地上堆筑而成，上面分布着居住区和墓葬。遗址间断有序，显示出一种以莫角山宫殿区为中心，围绕古城城墙分布的特点。从古城宫殿区到城墙再到外郭城，堆筑高度逐级降低，可能代表了等级差别。

在良渚古城外围还发现了瑶山、汇观山等祭坛遗迹，位于古城外围自然山顶，应该是与观象测年有关的天文台。祭坛废弃后成为重要的贵族墓地，也应是良渚古城设计时的有机组成部分。

古城北部和西北部还分布着由 11 条水坝构成的规模宏大的水利系统。

古城核心区之外还分布有 100 余处良渚文化遗址，主要分布于以荀山为中心的良渚街道一带及古城东北部的大遮山山前地带，这是良渚古城的近郊。

另外，在良渚古城遗址以东约 30 千米处还分布着临平遗址群，包括茅山、玉架山等遗址，这应该是良渚古城的远郊。整个约 1000 平方千米的"C"形盆地是良渚古城的腹地。

良渚古城核心区及水利系统均为人工堆筑而成，工程极为浩大。据初步推算，整个古城及外围水利系统的土石方总量近 1000 万立方米。良渚古城系统无疑是一个历经几十年甚至上百年建设过程的庞大的系统工程。

不仅如此。良渚古城由宫城、内城、外郭城构成的三重结构，加上外围的水利系统，成为中国后来都城结构的滥觞。整个都城系统历经 5000 年尚能保存如此完整，世所罕见，也为中国乃至世界城市史的研究提供了重要资料。

河里的秘密

考古人员通过长时间的发掘和勘探，发现这座5000年前的古城其实是个水乡泽国。古城内有大大小小的河道51条，其中主要的河道有3条，呈"工"字形。虽然历经数千年沧桑，不少河道都已成为平地，但古河道的遗迹仍存。

考古人员在钟家港古河道的发掘中，发现了大量的遗迹遗物，成为我们现在探索当时良渚人生产生活情景的重要线索。

钟家港古河道位于莫角山宫殿区以东，大致呈西北—东南走向，长约1.2千米，贯通古城南北。作为重要的内城河，它曾经承担着航运、提供生活用水的功能。

在这条古良渚人的河道北段，考古人员意外地发现了许多石器的毛坯，包括石刀、石锄、石钺等。这些毛坯已基本打制成形，尚待进一步的磨制加工。

除了石器之外，考古人员还在河道里发掘出大量骨器和漆器的原料和半成品，从而证明当时河两岸应该是手工业者聚集的作坊区，另外还发现了大量的陶器碎片和动物、植物的遗存。

这些遗存，应该就是当时良渚古城内居民日常消费所产生的生活垃圾。由于河道淤泥具有饱水缺氧的特性，因此为这些几千年前的遗物提供了一个难得的地下"储藏"环境。通过对这些遗迹遗物的研究分析，考古人员大致可以复原出当时城内良渚人的一部分生活场景和生业模式。

其中河道里发现的三根属于良渚文化早期的大木构件，成为我们了解良渚人建造宫殿技艺的重要物证。

这些木构件均长达十余米，是国内目前发现的最大的新石器时代单体木构件，考古人员推测它们应该就是当年用来建造莫角山宫殿的材料。其中一根上面还凿了间距相同、整齐划一的 39 个卯孔，头部的尖端有一方形榫头。另一根木构件，尾端还有牛鼻形抓手，抓手里留下了藤条编的穿绳。一个鲜活的工作场景，呼之欲出。

河道里还发现了几块当时宫殿建筑中遗落的"白墙面"碎块，其中一块是转角的红烧土墙块，乍看和今天的土坯房墙体外观已经没有太大的差别。

考古人员取样分析后还原了这种工艺——应该是先用竹子为骨，再用"混搭"了草茎叶的黏土筑成墙体，加工平整后，再用纯净的黄色黏土调和成泥浆涂刷表面，最后还要炙烤墙面。

这样考究、细腻的墙体，在长江下游的新石器时代遗址中很是罕见，由此可见当时良渚人的建筑技艺已经达到较高水准。

而河岸边的竹编护岸，营建考究，由竹编物和63根木桩组成。先用竹编物紧贴土台，再在竹编外打木桩，跟现在河岸的做法类似。

古河道里出土的大量生活使用类陶器碎片，则直接反映了5000年良渚人的制陶水平和用陶情况。

由于长期埋藏于饱水环境中，出土的陶片保存情况很好，黑皮陶的磨光表皮仍然保留有较好的光泽，胎体坚硬。考古人员根据出土的陶片复原出鼎、豆、圈足罐、双鼻壶、圈足盘、盆、钵、宽把杯、三足盉、袋足鬶等器形，可大体分为炊煮器、盛食器、水器、贮藏器等四种。在一些陶鼎的底部还发现有黑色烟炱等使用痕迹。

漆木器也是古河道里出土的极具特色的器物，其中漆觚发现最多，其他器类包括盆、盘、筒形器、鸟首形器等，可惜年月既久，出土时仅存残片。另外还发现了多件大致成型的木坯，上面还残留着用石器劈凿修整的痕迹。

考古人员对古河道的土进行浮选——洗土后，发现了更多动植物遗存。

根据出土的动物骨骼，家猪最多，可占所有出土哺乳动物比例的80%以上。经过鉴定，遗址中发现的可食用野生动物达到30多种，其中有4种动物是第一次在良渚文化遗址内发现：黄斑巨鳖、红面猴、虎、水獭。

除了动物骨头，还有大量植物遗存。良渚人除了吃主食稻米，还非常喜欢吃果蔬类。果实类的种子占了很大比重，数量最多的是南酸枣、桃核，接下来是李、柿、梅、杏、葡萄、甜瓜等的种子。

淀粉类的菱角、芡实和莲子，都是良渚先民选取采摘的可食用的植物，这些食物的含量大大超过了不可食用的杂草类，比如少量发现了酢浆草、莎草等。这说明，良渚人在夏秋时节会开展大量采摘蔬果的活动。

一只骨鱼钩，很罕见，有 3 厘米长，倒刺尖锐，跟现在的鱼钩几乎一样，良渚人用它来获取水产品。但很奇怪，用鱼钩比结网捕鱼的效果要差很多，7000 年前的河姆渡遗址已经发现了渔网的网坠和鱼镖，良渚人为什么反而倒退了？

考古队员继续在河道找线索，又发现了不得了的东西——人骨，而且数量不少。但仔细分析这些人骨，并不是正常死亡的，骨头上有砍、砸的痕迹。

显然，古城里曾经发生过暴力事件，时间在良渚晚期。

除了钟家港，在卞家山、西城墙葡萄畈段的古河道里，也发现过非正常死亡的良渚人的人骨。部分人骨检测结果显示，他们生前营养不良，身体羸弱，吃的不是大米，而是小米之类的粮食，说明他们不是城里的贵族，可能从北方来。

这说明，古城里住着工匠，还有外地人。也说明良渚已经具备稳固的国家政权。但此前，考古队员没有在良渚遗址核心区发现过这种非正常死亡的人骨证据。

我们一直觉得良渚人总体上是很和平的，但钟家港发现的人骨，包括用头骨做的容器，说明当时社会比我们想象的要残暴，那么，其会不会跟良渚文化的衰亡有关系？

草裹泥筑成的水利工程

　　2016 年 3 月，浙江省文物考古研究所向外界发布了一个更加重磅的消息：在勘探调查的基础上，考古人员最终确认了分布于良渚古城西北部规模宏大的水利系统。这是迄今所知中国最早的大型水利工程，也是世界上最早的水坝系统。

　　这是一个由 11 条堤坝组成的规模庞大的水利系统，这些堤坝根据形态和位置的不同，可分为沿山前分布的长堤和连接两山的短坝两类，其中短坝又可分为建于山谷谷口的高坝和连接平原孤丘的低坝两种。

　　也就是说，良渚古城外围的水利系统分为山前长堤（又称塘山遗址）、低坝系统和高坝系统等三个部分，位于良渚古城的北面和西面，应该是良渚古城建设之初统一规划设计的城外有机组成部分。

　　从古城北面的塘山长堤东端，到最西面的蜜蜂垄坝，距离约为 11 千米。从最北端的石坞坝到最南端的梧桐弄坝，距离约 5.5 千米。从良渚古城的中心到最远的蜜蜂垄坝体，直线距离约 10 千米。

山前长堤从西到东可分成三段，东、西段都为单层坝体，而中段则为双层坝体结构。北坝和南坝有着二三十米宽的稳定间距，并且保持同步转折。这是一种非常精密的控水结构，能挡住古城背面从大遮山冲下的山洪，将水引向西边，好让古城直接避开山洪的侵袭。

　　水利专家看见后，觉得非常惊讶，5000年前的设计超出了他们的想象。山洪来了，流经这个"机关"，相当于蓄在一个比较缓的水柜里，水势减弱后，泥沙就沉了下去，人们就能疏浚此地的泥沙，水路畅通，可以保证整个水利系统不会被淤死。

　　高坝系统位于古城西北侧山地的谷口位置，包括岗公岭、老虎岭、周家畈、秋坞、石坞、蜜蜂垄等6条坝体。可分为东、西两组，各封堵一个山谷，形成水库。高坝坝体高程为30—35米，因谷口一般较狭窄，故坝体长度在50—200米，坝体厚度近100米。

　　低坝系统位于高坝系统南侧约5.5千米的平原内，由梧桐弄、官山、鲤鱼山、狮子山等4条坝体将平原上的孤立小山连接而成，坝体高程约10米。坝体长度视小山的间距而定，在35—360米不等。高坝与低坝之间的库区略呈三角形，地势较低，现今仍为泄洪区。库区东侧与塘山长堤相接，共同组成统一的水利系统。

　　事实上，良渚古城外围水利系统的发现和研究是从塘山遗址开始的。

　　塘山遗址早在20世纪90年代就已被考古人员发现，它位于良渚古城北侧2000米，北靠大遮山，距离山脚一两百米远。考古人员从其暴露的断面观察，确认其为人工营建。由于当时无法判断其营建时代和性状，因此仅

黄 土

淤 泥

岗公岭水坝草裹泥暴露现场

以描述性的名称"土垣"来命名。

1995 至 1997 年间，考古人员陆续对塘山遗址作了发掘，发现了良渚时期墓葬、玉石器加工遗迹，出土了钺、璧等玉器，从而明确了遗址的时代，但对其功能则有多种看法，有认为其是良渚遗址群外围的城墙，也有认为可能是良渚先民人工修筑的防洪堤。

此后一段时间，虽然考古人员对塘山遗址仍有过陆续进行的局部调查，但系统的工作并未展开。

古城水利系统考古发掘的重大突破是从高坝系统的发现开始的，其中 2009 年岗公岭水坝的发现成为重要的契机。

2009 年 9 月中旬，有村民举报，良渚古城西北面的彭公村岗公岭有人盗墓，现场暴露大量青膏泥。考古人员随后赶来勘察，发现该地为一个西北—东南走向的"小山"，顶面大部分已被推平，仅东南存一断坎。

从断面可见，其地表覆盖一层 2—3 米厚的黄土，内部全是青淤泥，结构类似豆沙包，可知"小山"实际是人工堆筑而成的遗迹。从迹象判断，这应不是墓葬，而更像水坝。

考古人员随后对周边山谷进行调查勘探，根据岗公岭的走向和位置特征，又陆续发现了老虎岭、周家畈、秋坞、石坞、蜜蜂垄 5 处类似的遗迹，这些遗迹都位于两山之间的谷口位置。

2010 年 1 月，考古人员再次来到岗公岭调查。因连日大雨，雨水的冲刷使得岗公岭的地面和断坎暴露出大片保存完好的草茎，这些草茎引起了考古人员的注意。

刚暴露的草茎呈黄褐色，但很快氧化成黑褐色。经仔细观察发现，每一包的草茎都是顺向分布的，没有相互经纬交叠，说明这不是编织过的草袋，而是用成束的草包裹的淤泥。

考古人员随即采集了草茎样本送至北京大学进行碳 -14 测年，半年后数据出来了，草茎样本的树轮校正年代为距今 4900 年左右，属于良渚文化早期。

这是将近 5000 年之前的草！经过鉴定，这些草是沼泽环境下常见的"苔"。原来，这些草裹泥正是当年良渚人在修建大型水利工程时使用的特殊的建筑材料。

在如今老虎岭水坝剖面上，我们仍然能清晰地看到一块一块茎状的分层，这就是草裹泥（也叫草包泥），类似现在抗洪抢险时，我们用编织袋装土筑坝工艺，采用纵横交错的方式堆筑。

草裹泥，述说着良渚人另一个不亚于修建古城的伟大工程，也透露出 5000 年前先人的智慧。

用来制作草裹泥的"草"，就是良渚沼泽地带常见的芦荻，良渚人可谓就地取材。良渚本为水乡，沼泽下面是淤泥，上面长着芦荻、茅草。一到秋冬，芦荻开花，时值农闲时节，人们利用沼泽取泥土，用茅、荻包裹后，再用竹条绑扎，就做成了一个个完整的草裹泥。

草裹泥体量很小，可塑性好，与草茎贴合紧密，所以堆垒后不会漏水，能提高坝体的强度。

这种材料，在莫角山土台和水坝等大型建筑工程中都有发现。而在钟家港河道和蜜蜂垄水坝的基槽填土中，发现了木锸——一种铲形工具，良渚人就是用它来挖取淤泥，制作草裹泥。

之后，考古人员又陆续在岗公岭附近发现了老虎岭、秋坞等 5 处水坝，它们与岗公岭一起可分为东西两组，其中岗公岭、老虎岭、周家畈构成东部一组，坝高约 30 米，秋坞、石坞和蜜蜂垄构成西部一组。这些水坝构成了良渚古城外围水利系统中的高坝系统。

尽管塘山长堤和岗公岭等高坝系统发现的原因不同，但都是通过传统的考古调查勘探方法找到的。良渚古城外围水利系统中低坝系统的发现则多了一层高科技的色彩，它是运用遥感技术从卫星图片中找到的。

这张卫星图片是美国加利福尼亚大学洛杉矶分校考

古学副教授李旻提供的，拍摄时间为 1969 年 2 月 11 日。在 20 世纪六七十年代，良渚地区农村烧饭尚未使用液化气，村民都要上山砍柴，所以山体上植物稀少，地形凸显，原始地貌也保存较好。加之卫星影像都是倾斜拍摄的，其光影角度的选择正好符合考古人员观察的要求。

这张卫星图片画面呈长条形，西起余杭百丈，东到海宁许村，北达超山北侧，南至笕桥机场，拍摄面积达 1000 平方千米，影像的分辨率很高。

据良渚水利系统发掘领队王宁远回忆，当时查看这张卫星图片，本意是查找有无遗漏的高坝。但在一次又一次的查看过程中，发现画面上两个近圆形的山体间连着很长的一条垄，看形状很可能是人工堆筑的。

这一下引起了考古人员的注意。再仔细观察，发现这"很长的一条垄"东部为新 104 国道，再往东为南山和栲栳山，尤其是通过栲栳山居然连上了毛元岭和塘山。这就意味着，如果这是良渚的坝，那它们和塘山就构成了一个整体。

考古人员随后赶赴现场勘察，经勘探证实，那条长垄果然是人工堆筑的坝，其东西两侧还另有两条人工短坝。这三条水坝就是后来考古发掘确认的狮子山（东）、鲤鱼山（中）和官山（西）水坝。

根据对卫星图片的继续观察，又发现水坝系统有继续向西延伸的迹象，并向北延伸向大片的低丘，直抵高坝附近。在三个坝西面的后潮湾到黄河头之间还出现了三四个新的疑似点，最终在梧桐弄根据钻探出的草裹泥得到了确认。

至此，南侧的这组水坝也被完整地揭露出来，它们的坝顶高度在 10 米左右，因此被称为低坝系统。它们通过栲栳山、毛元岭等自然山体，最终和塘山连接，构成了南线的大屏障，与北部山谷间的高坝群形成呼应。

这一发现也让考古人员意识到，塘山遗址并非独立的水利设施，而是整个良渚古城外围水利系统的一部分，并且是其中最大的一个单体，长达 6 千米左右。

良渚古城水利系统的发现与确认，证实良渚古城具有完整的都城结构，由内而外除依次为宫殿区、内城、外郭城的三重结构外，还有一个规模庞大的外围水利系统。

这个外围水利系统的范围大得惊人，经测算面积达 100 平方千米左右。在史前时期人类就有如此规模的水利建设，堪称罕见。

2016 年，良渚古城遗址外围水利系统考古调查与发掘不仅荣获 2011—2015 年度"田野考古奖"一等奖，还入选了 2015 年全国十大考古新发现。这是继 2007 年良渚古城发现后，良渚考古的又一次重大发现。

由此，良渚水利系统正式向国内外公布，产生了巨大影响。2017 年 7 月，在岗公岭东部又发现一处溢洪道，国内顶尖水利专家召开研讨会，确认良渚水利系统"具有拦蓄水功能，山间的天然隘口具有溢洪道作用，各坝组合形成了具有上下游两级水库的较完整的水利系统"。

中国水利工程通常被认为始于距今 4000 年左右的大禹治水传说，现存的水利工程遗迹如都江堰、灵渠、白渠等均早不过战国时期。距今 5000 年左右的良渚水利系统的确认，是中国古代水利史研究的重大突破。

良渚水利系统在中国和世界文明史研究中具有重要意义。世界各种早期文明的出现，都与治水活动密切相关。学术界公认良渚古城是中国境内最早进入国家形态的地点，是中华五千多年文明史的实证。而良渚古城外围的水利系统和古城在空间、时间上具有不可分割的密切关系，这对研究良渚古国的出现和发展乃至中国文明的起源都具有极重要的意义，在世界文明史研究上亦占有重要一席。

古城外的聚落

　　良渚古城的发现将良渚遗址群内的众多遗址有机地整合了起来，城内和城外形成了两种不同的聚落格局。城内有宫殿，有王陵，有作坊，主要是统治阶层的盘踞地。那城外呢？

　　从考古发现来看，城外虽然偶或也见有普通显贵的遗迹，但大多是反映平民阶层社会生态的聚落。其中庙前和卞家山两处是经过考古人员发掘，揭示面积较大，且遗迹现象较丰富，又各自具有鲜明特色的村落遗址。

　　庙前遗址位于良渚镇荀山南侧的扇形坡地上。80 多年前，何天行就在《杭县良渚镇之石器与黑陶》一书中提到良渚荀山"本以出玉著名"，他说的出玉位置，很可能就在荀山顶部。而 1936 年施昕更试掘过的棋盘坟、茅庵里也都在荀山附近。

　　事实上，在 1988 年考古人员正式对荀山遗址发掘之前，荀山周围发现的良渚文化遗址已经为数不少，如长坟、马家坟、金霸坟，几乎连成了一大片遗址，可以推断在当时荀山确实是个非同寻常的地方，它的顶部很可能有过祭坛或是显贵墓地。然而时移世界，如今的荀山山顶

庙前遗址发掘现场

早已削平，基岩暴露，周边是大片农田，已经丝毫看不出昔日有过的庄严和神圣气象了。

对庙前遗址，考古人员先后进行了6次考古发掘，共计揭露面积约3400平方米，清理房屋遗迹4处，墓葬68座，灰坑19个，河沟4条，水井2座，木构窖藏1座，陶片遗迹1处，基本揭示了良渚文化时期一个大型村落的总体面貌。

庙前是目前所知良渚文化规模最大、保存最好的村落遗址之一。这一遗址的年代跨度从良渚文化早期一直贯穿到良渚文化晚期，从出土遗物及地层关系可以清晰地区分每一时期的典型器和器物特征，对其他遗址相对年代的确定具有重要的参考价值。

庙前遗址中发现的挖坑立柱的房屋遗迹颇具代表性。遗址中各个区域大致有一个分布范围：良渚先民选择在遗址中部或近中部修筑房屋，临水而居。房屋挖坑立柱，有的在柱下铺垫木板，有的以红烧土作为垫土。

木构水井是庙前遗址的又一大发现。这种井有一个用榫卯套合的"井"字形木框，印证了"井"字的来历。这种井称得上史前时期最考究的水井，其祖形可以追溯到河姆渡遗址。

最初发现这处水井遗迹时，由于里面出土了60多件近乎完整的陶器，考古人员一度还以为这是史前窖藏遗址。后来考虑到它的深度达280厘米，边上的木构框架也有170厘米高，里面的陶器也多是壶、罐、尊之类可以汲水的容器，所以才认定它原来是一口水井。

木构井现存高约2米，内围为95厘米×95厘米，近正方形。系先在地面开挖直径约4米的椭圆形大坑，然后将已经加工好的长约160厘米、宽约15厘米的木构件呈"井"字形构筑而成。然后在井框外用夹杂大量碎陶片及块石的填土和砂砾填压结实。

庙前遗址的时代纵贯良渚文化的始末，在同一个地点、近千年的时间里一直有人生息，这不能不说是个奇迹。它说明良渚时期遗址群一带的生存环境始终保持着宜居状态，某种程度上也是良渚文化古村落的一个垂直叠影。

2002年秋发掘的卞家山遗址则是一个集墓地、居址、灰沟、码头等遗迹于一体的水乡村寨，堪称良渚文化时期的"水埠码头"。

卞家山遗址位于良渚遗址南侧，北距莫角山遗址1.5千米，主体为一个东西向长条形的土丘，长约1000米，宽30—50米，高出水田1—2米。

良渚梦寻

庙前遗址出土水井

卞家山遗址全景

2002年底在遗址西侧试掘，发现土丘南侧农田下为水相淤积层，从中发现了桩木遗存，并出土大量遗物。当时认为这些木桩可能是遗址边缘的围护桩，类似的情况在良渚庙前、茅庵里遗址也曾出现过。

桩木遗存具有一定的布列规则，木桩周围都是青灰色淤泥，其中包含大量的良渚文化遗物，以鲜亮的黑衣陶片为主，还有一些石器、玉器、骨器等。这些遗物应该是良渚先民在水边活动时不小心跌落或作为垃圾丢弃的。

2003年3—6月对卞家山遗址正式发掘，揭露面积共计855平方米。其布局，北部为良渚中期的墓地，南部为良渚晚期的居址及大型木构遗存，由北往南扩展，延续时间较长。

这次发掘，南岸水滨的木构遗迹是最大的发掘收获之一。发掘区内共发现木桩140余个，大致呈角尺形分布。

多数木桩东西向分布于岸边，大致呈三排，有些地方排列较规整，有的地方则较稀疏甚至残缺，其西端有一批木桩密集成行往南部水域伸展，宽约0.8米，长度达10米。木桩直径多在5—15厘米，最粗者达21.5厘米，木桩残长多在20—50厘米，最长的一根浮弃的木桩长115厘米。

这垄木桩两旁各有一排苇秆，系由人工打入，排列紧密，但是否经过编缀已无法辨别。

多数木桩有所倾斜，但倾斜度和方向差异较大，似乎没有总体趋势。木桩尖部经过削劈，呈多棱锥形，加工痕迹明显。从出土的木板、木桩、木枝条等残件来看，桩木遗存上应有横置的木板或木条以供通行。由于桩木遗存与北侧的居址相邻并有地层对应关系，推测沿岸的木桩可能为同时期的水边埠头。

不过从分布和保存状况来看，这批木桩并非一次性打入，很可能经过扩建和修补。而据排列特征和附近有木桨发现判断，外伸的木桩极可能是当时的码头。

北部墓地局部清理了5座墓葬，其中5号墓的葬具尚存木质纤维，由上下2块弧形木板相扣而成，随葬品除鼎、豆、罐、双鼻壶和石钺各1件外，另有锥形饰4件和玉管若干。

本次发掘的另一项重大收获是，灰沟和南侧水滨的淤积层内出土了丰富的遗物。其中陶器残片数以万计，经编号的陶、石、玉、木、骨、漆、竹制品等各类文物近500件。

木器的大量发现成了本次发掘的一大亮点。此前的良渚遗址中，还从未发现如此多的木器，如划船用的木浆、锹土的木锸、敲打的木槌、盛物的木盘、穿行的木屐、娱乐的陀螺、复杂的建筑构件等，种类之多，保存之好为史前遗址所罕见。

发掘所获的遗物种类和数量，为历年来该地区所出良渚文化晚期遗物之最。有相当数量的泥质陶保持着黝黑明亮或铅白耀眼的光泽，一些陶片还刻有精致的纹饰或符号。其中，带有四个气窗的房屋模型、方形4足的陶质容器、带环形把手的簸箕状陶勺为首次发现。还发现了3例猪和狐狸的装饰性动物头像，简洁而生动。

所有这一切告诉我们，卞家山是良渚时期一个临水且有水运遗迹的重要遗址，其考古发掘结果令我们获取了很多别的遗址无法了解的信息。

第四章

石器和黑陶

良渚"石头记"

通过前面几个章节的描述，我们大致了解了良渚遗址发现和发掘的历程。接下来，我们要走近良渚人的生产和生活以及他们的精神世界了。

要想了解 5000 年前的良渚人的生产和生活，可从两种材质的器物入手，那就是石器和黑陶。

良渚文化属于新石器时代的原始文化。顾名思义，当时人们使用的主要生产工具就是石器。

事实上，世人初识良渚文化就是从石头开始的。80多年前，施昕更和何天行两位年轻人到良渚去调查和发掘，最初获得的实物就是石斧、石锛这类石器。

虽然从考古发现来看，5000 年前的良渚人使用的生产工具较多，单就质地而言，除了石器之外，还有大量的骨角器、竹木器等。但毫无疑问，从数量和特色来看，石器仍然是当时人们使用的主要生产工具。

石器由石头加工而成。由于石头遍地可以捡拾，加之石质坚硬利于使用和保存，故而石器在邈远的史前时期成为人类最主要的生产工具。

更难得的是，因为石器易于保存，即使深埋地下几千年，出土之时大多仍然完好如初，这就为后人提供了珍贵的了解史前人类生活的实物例证。

如同国内其他已经发现的众多新石器时代遗址一样，良渚人最常使用的生产工具就是石器，而且种类异常丰富，形态多样。据研究，已经辨识的良渚石器有钺、斧、犁、刀、锛、凿、耜、铲、锄、镰、镞、楔、矛、网坠、纺轮等十余种，还不包括磨制石器的砺石以及制作石器时打剥下来的石片等。

从用途来看，这些石器有的用于农耕，有的用于狩猎和捕捞，有的用于纺织，有的用于制陶和琢玉……器类和用途之多样，在同时期的诸多考古学文化中堪称最丰富者。

更不用说，在良渚古城的城墙下，也铺设着大量的石头，而良渚人在建设莫角山高大的宫殿时，自然也离不开石头这样重要的建材……

以上种种，无不昭示着这样一个事实：在良渚人的生产生活中，石器扮演着非常重要的角色。有人甚至这样断言：良渚社会就是一个用石头打造的社会。

如果我们为良渚人书写一部"石头记"，应该从哪里先入手呢？

答案是：农具。

在已发现的良渚石器中，绝大多数都是农耕用具。

你看，有用于耕土的石犁和石耜，有用于耘田的石耥，有用来除草的石锄和石刀，有用以收割的石镰……品种多样的各式史前农具，甚至已经基本形成了配套，可以运用于各个生产环节。

这可是 5000 年前啊，我们印象中的史前人类，还是茹毛饮血的原始人群，但良渚人的生产工具已经如此"先进"，你就说吃不吃惊？

特别值得一说的是良渚人的石犁。

石犁是良渚人耕种时用的农具。犁头往往用大片的片状页岩为材料制成，形状大多呈等腰三角形，前锋尖锐，刃在两侧，还凿有几个圆孔，便于系捆在木柄上。这是一种科学合理的复合工具。

石犁的发明是人类农耕史上的一大进步。以前以石锄或石耜为工具，翻一锹土或掘一锄土，人须倒退一步，而犁耕则是不断地向前拉，开垦土地的速度明显加快。

正因如此，犁这种农具在中国使用历史极其悠久，一直到现代农业机械出现之前，在长达几千年的农耕岁月中，犁一直发挥着重要的作用，其变化只在于犁头由石质换成了铁质而已。

虽然从考古发现来看，良渚石犁并不是最早的（在良渚文化之前的崧泽文化晚期已经出现了），但良渚石犁仍值得大书特书。因为，之前崧泽文化的石犁器形甚小，到了良渚时期，"巨无霸"型的石犁开始出现，这是巨大的进步。

不仅仅是石犁器形的变大，良渚人更大的贡献在于，

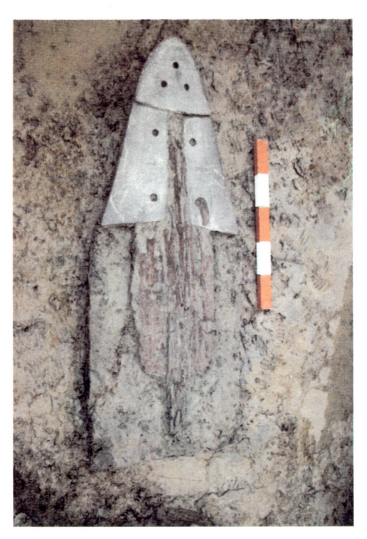

平湖庄桥坟出土的良渚文化石犁

除了延续崧泽文化发展而来的整体式石犁外，他们还发明了由三角形犁头和两件长方形犁尾配套组装而成的分体式石犁。

　　考古人员先后在桐乡新地里和平湖庄桥坟遗址中发现了这种分体式石犁。其中2004年在庄桥坟发现的一件，通长达到106厘米，总宽44厘米。最难得的是，它还保留了木质犁床，犁床底部长 84 厘米，在尾端有装置犁辕的榫口。

这是迄今为止发现的唯一一件带有木质犁床的石犁，为研究早期石犁的安装组合以及使用方法提供了珍贵的资料。

除了石犁之外，良渚人制作的另一种别具特色的石质农具就是石刀。考古发现的良渚石刀形制极多，考古人员根据它们的外形，将它们作了粗粗的分类，有斜把石刀、靴形石刀、半月形石刀、长方形石刀、V 字形石刀、带柄石刀、多孔石刀……让人眼花缭乱了是不是？

这其中特别值得一说的是一种 V 字形石刀。顾名思义，是因其外形像英文字母里的"V"而得名。这种 V 字形石刀是良渚文化特有的石质刀具，在国内其他遗址中从未见到过。

这种石刀形状别致，整体略呈凸形的翼状带刃器，上端有两翼掠起，似展开双翼的小鸟，中央凸起短把，把上有的钻孔，有的无孔，刃部呈圆弧形或呈方折的"V"字形，双面磨制成刃，刃缘锋利。

关于其用途，有学者推测可能是耘田，所以有时也称之为"耘田器"。

良渚石质农具中另一种有趣的器形是石镰。良渚人是以种植水稻为生的，因而收割工具自然少不了。虽然有些考古学者认为遗址中发现的一种带有几个圆孔的半月形石刀也可以用来收割稻穗，但当一种单面开刃、微微内凹的石器出土时，考古人员眼前不禁一亮：这不就是镰刀么，简直跟现代镰刀一模一样！

良渚文化石刀

良渚文化石镰

　　这种石镰刃部在内凹处，一面平，一面有斜锋，平的那面显然是让人手握的。有趣的是，良渚文化的石镰，从其刃部特征来看，装柄后90%都为左手使用。

　　这个独特的现象，是一位长期研究史前农业的学者在无意中发现的。在令人感到意外的同时，也不免让人产生这样的联想：难道说5000年前的良渚人大多数是左撇子吗？

都说左撇子特别聪明。所以可以解释良渚人会创造这样辉煌灿烂的史前文明？

从用途来看，良渚石器中除了农耕用具外，还有加工工具和渔猎工具。

良渚人的石质加工工具主要有石斧、石锛、石凿、石楔等。

石斧多为长方形，石质坚硬。尾部宽厚，没有钻孔，说明当时人类是手握石斧操作的。石斧是砍砸器，可以砍伐树木，也可以宰杀动物。

这里需要说一说石斧和石钺的差别。石钺其实是由石斧演变而来的，但良渚遗址中发现的石钺大多磨制规整精致，没有使用痕迹，且大多在墓葬中发现，说明石钺已不是实用器，而是随葬的礼器。而石斧则仍然"坚持"在生产的第一线。

另一种重要的石质加工工具是石锛。

石锛可以说是中国新石器时代最常见的生产工具之一，在广袤的南中国地区史前遗址中时有出土，且形制多样，甚至形成了一种独有的"石锛文化"。它的特征是单面斜刃，主要用于加工木器。

良渚遗址中也出土了大量石锛，而且制作精美，样式也有多种，除常型石锛外，还有厚体石锛和有段石锛等。

良渚石锛总体上略呈扁厚的长方体，但形体多样，

良渚石锛

有大小、高矮、宽窄之别。良渚博物院收藏的一件石锛长达 32 厘米，而桐乡新地里遗址出土的最小的一件小石锛长仅 2.5 厘米，形制之悬殊由此可见。

良渚文化的特征性石锛为有段石锛。所谓"段"，就是在不开刃的锛面上端打磨出低于锛面的台阶形部分，目的是便于纳柄组装。非常难得的是，在考古中也发现了带有木柄的有段石锛实物案例。1978 年，在江苏溧阳沙河乡洋渚村出土的一件有段石锛，带有 32 厘米长的木柄，木柄头上凿有卵孔，出土时石锛的段部仍然卡在此卵孔中，这是研究有段石锛使用方式的最好实证。

石凿和石楔是加工木器的专用工具。石凿多呈长条形，有的是单面刃，有的是双面刃，还有一种凿身上大下小呈方柱形。它们主要用来在加工木器时挖凿木构件

良渚石钺　反山 M12 石钺合影

的卯孔。

　　榫卯技术是中国人独有的发明，早在 7000 年前的河姆渡文化时期已经非常先进，到了良渚文化时期，更是突飞猛进。

　　石楔则是用来纵裂剖裁原木、制作板材的工具。史前人类砍下大树后，如何将原木制作成自己需要的板材？那就要用到石楔。方法是这样的，在一根原木上，顺纵向木质纤维找到一根垂直的劈裂线，然后每隔一定距离打入一个石楔，使原木出现一条通缝。接着不断地打深石楔，直至原木完全裂开。

　　事实上，现代人在开山取石时，有时也会采用这种技术，利用石楔的力量将整片的石头崩开。这是凝聚着古人智慧结晶的先进技术，其渊源可以追溯到几千年前的史前时期。

　　石镞和石网坠则是良渚人的渔猎工具。

镞就是箭头。史前人类早就发明了弓箭，用来狩猎（或是战争）。石镞则是用石头磨制而成，前端尖锐锋利，尾部多呈圆柱形，可以捆绑在竹竿或是木杆上，然后发射。

石镞在良渚遗址中发现很多，说明当时良渚人经常使用弓箭来狩猎。但奇怪的是，作为捕捞工具的石网坠却发现不多。网坠是挂在渔网上用来捕鱼的，良渚人生活在水乡沼泽地区，按理说经常要打鱼捕捞的，但为什么网坠却不多见呢？

有人分析，可能当时良渚人主要的生业方式是种植水稻和捕猎，撒网捕鱼只是辅助而已，故而石网坠发现不多。当然也有这样的可能：良渚人即便是捕鱼，也不太喜欢用撒网的方式，用鱼镖来叉鱼不是更简单方便吗？

对了，还可以钓鱼。考古人员在良渚古城内的钟家港河道发掘时，就曾找到一只骨鱼钩。这只骨鱼钩很罕见，有3厘米长，倒刺尖锐，跟现在的鱼钩几乎一模一样。

石纺轮则是纺织用具，纺线时，将它系在线头下端，依靠其自身重量使纺线垂直。纺轮多呈圆饼状，中间钻孔，可以系线。良渚时期的纺轮除了石质的，还有陶质和玉质的。这说明良渚时期的人们，很可能已学会利用毛发、麻、葛、树皮、竹藤、稻草、残丝等材料来纺线织衣。

以上所说的这些石器，都是实用器。在良渚遗址中还发现一类石器，磨制得格外精致光滑，没有任何使用痕迹，而且只在墓葬中出土，显而易见，这类石器是专门用来随葬的，可以称之为"冥器"（也叫明器），最典型的就是石钺。

前面在介绍石斧时提到过，石钺是由石斧演变过来的。在良渚文化墓葬中，经常可以见到用石钺随葬的现象，看得出良渚人对石钺的某种偏爱之情。

通过研究发现，良渚人用石钺随葬，还可以看出明显的阶级烙印。那些墓主生前社会等级地位高的墓中，随葬的石钺数量就多。以反山王陵为例，M14 中出土了16 件，M20 出土了 24 件，而汇观山 M4 则出土了 48 件。最夸张的则是横山 M2，竟然一家伙出土了 132 件！

与此形成鲜明对比的是，在一些较小的平民墓葬中，虽然也有用石钺随葬的现象，但数量就比较少，一般只有两三件。在临平玉架山遗址发掘的一座墓葬中，竟就只有孤零零的一件而已。

由此可知，"贫富不均"的现象，早在 5000 年前的良渚文化时期已经出现了。

石钺由石斧演变而来，成为一种兵器，有人分析，这是不是象征着墓主人的身份和性别？一般而言，手持兵钺出征的多为男性，这是否意味着但凡以石钺随葬的墓，墓主人通常是男性？

大概率可以这样判断，但是也有例外。考古人员在个别墓中，也发现了石钺与石纺轮同出的现象。而在通常的印象中，用纺轮织线似乎是女性的专利，因此，也有学者认为，石钺也并不是标示墓主人男性性别的标签性器物。

不过，这或许只是例外。而有例外正是因为有公例。虽然不排除良渚时期也有既能纺线织布又能挥钺上阵的女战士，但就总体而言，将石钺视为男性身份的象征应该离事实不远。

关于良渚人的石器，还有值得一说的是，良渚石器不仅种类丰富，磨制规整，就连选用的石料也很丰富。经专家鉴定，良渚石器所涉及的石料，大多为硬度较高的火山岩，又可以细分为凝灰岩、流纹岩、安山岩、霏细岩、砂岩等，而变质泥岩、沉积岩等硬度较低的岩料很少被利用。这说明良渚时期制作石器的工匠们已有极强的石料分辨能力，不仅就地取材，还能因材施工，这不得不令人叹服。

熏烟渗炭出黑陶

良渚人制作的生产、生活用器，除了石器，最令人称道的就是陶器。

虽说石器也是人工制造出来的，但它毕竟只是取自然的石材加工而成，并没有改变石头本身的材质，陶器则不然。陶器的原材料虽也是来自自然的陶土，但却要经过一番水洗、火烧的加工过程，从而陶土原先的质态改变了。

换句话说，陶器是人类利用自然物重新制造出来的一种物事，比起石器的原始加工，更多了一份人类创造的匠心。

所以，陶器的发明更是人类发展史上的一个重大事件，它标志着人类生活进入了一个全新的领域和层次。

当我们现在走进博物馆，看见陈列在展柜中的那些史前人类创造的各类陶器，一开始或许并没有特别的感触。相反，可能还会有人觉得，这有什么了不起呀？看上去土里土气，而且还黑不溜秋，简直土得"掉渣"呀！

那就错了。要知道，对史前人类来说，学会制作陶器，它的里程碑意义，或许跟人类学会直立行走、和猿人相揖别相比也不相上下。

为什么这样说？陶器是史前人类最主要的生活器皿，甚至可以说是人类第一件真正意义上的炊食器。当史前人类开始用陶鼎炊煮，用陶碗盛食，用陶杯饮水，这就意味着人类进入了熟食时期，从而与茹毛饮血的原始岁月彻底告别。

而人类一旦开始熟食，而不是像之前那样对捕获的动物生吞活剥，会大有利于体质的健康，从而利于寿命的延长。从这个意义上说，陶器的发明，堪称新石器时代最伟大的人类实践之一。

从中国考古史来看，早在一万年前的新石器时代初期，史前人类即有了陶器制作的尝试。浙江浦江的上山遗址、湖南道县的玉蟾岩遗址、江西万年的仙人洞遗址，时间都在距今一万年左右，在这些遗址中都发现了极其粗糙的陶器碎片。

现在的人们一定很好奇：最早的陶器究竟是怎样发明的？对此，人们曾经有过许多猜测。

最合理的一种猜测是，史前人类在偶然中发现黏土涂在编制或木制的容器上，干燥之后可以耐火，又能蓄水。想象力丰富的人，甚至脑补了史前时期的这样一个场景：

有一天，森林里忽然燃起了大火，人类以及那些野生动物都纷纷逃离了。等山火熄灭之后，人类重返旧地，除了发现那些来不及逃走而被烧死的动物外，还惊喜地发现，那些用植物枝条编成的篮子被火烧毁后，原先涂在枝条上的泥土却被烧硬了，成了一件可以蓄水的容器。

史前人类可能正是因为这个偶然的发现，受到启发，开始有意识地用泥土来烧制陶器。

这种猜测是不无道理的，近代以来一些民族学者所做的民族学调查也印证了这一事实。

在云南省沧源县生活的佤族，以前就是用编织物做成容器状，然后在内部或外部涂上泥烧制陶容器。我国台湾省高山族聚居的某些地方直到 20 世纪 40 年代，还在用竹片或藤条编成袋形器，再将拌好的黏土往里涂，然后架柴将其烧成陶器。

到了距今 5000 年的良渚文化时期，史前人类制作陶器的能力和水平已经到了一个很高的阶段了。

这并不是空口白说，有以下几个雄辩的依据。

首先是制作技艺的高超。

从考古发现来看，人类最初发明陶器，都是用手将陶泥捏成器形，制作粗糙，器形不仅简单，也不规整，同时工效也低。你想，用手抟泥成器，忙活一天，才能做成几个？

到了后来，随着时代发展和技术进步，慢慢地人类学会了轮制和模塑手法。所谓轮制，就是将陶泥放在转盘上，利用转盘的转动来使器物成形。现代陶器制作仍然在采用此法，它的好处一是快，二是做成的器物器形规整。

　　而模塑，则是做好模型，烤硬之后再用它做母版在软泥上印出模具。此后就用模具来做器物，可以重复生产，不但提高效率，而且可以保证器物一模一样，如同现在清明节用木印版做清明团子一般。

　　从出土的良渚陶器的规整程度来看，当时的制陶工匠明显已经普遍采用了快轮制陶技术。你要不信，可以找一件圆形陶器，用圆规比画一下，简直差不离！

　　良渚陶器的先进性，其次体现在其器形的丰富多样。

　　从考古发现来看，良渚陶器器形有鼎、豆、壶、钵、平底罐、圈足罐、尊、双鼻壶、圈足盘、三足盘、盆、簋、贯耳壶、杯、宽把杯、匜、三足盉、袋足鬶、甗、过滤器、瓮、圜底缸、大口尊……多达 20 多种！

　　真是琳琅满目，让人目不暇接。

　　从功能来看，有煮饭用的炊器，有盛食的食器，有饮水的水器（甚至还有专用于饮酒的酒器），有贮物的容器，几乎可以满足生活各个方面的需求。

　　良渚陶器的丰富多样，既是良渚人生活品质提高的体现，同时也反映了当时人陶器制作技艺的先进。

　　良渚陶器最大的特色，是尚黑。

　　都说如今时尚设计师的最爱之一是黑色，他们也许想不到，5000 年前的良渚人的"时尚意识"丝毫不逊于他们。

　　放眼全国的新石器时代遗址，可以发现一个现象，

良渚黑陶双鼻壶

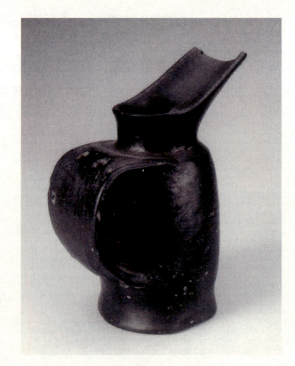

良渚黑陶宽把杯

当时的陶器多流行单色，比如灰陶、红陶、白陶、黑陶等，各有千秋。以黑陶而言，过去山东龙山文化的黑陶就极有特色，黑亮如漆，光可鉴人，即使素而不饰也颇有韵致。

良渚陶器恰恰也是以黑陶而著名，但又有鲜明的自身特色：它只是外面黑，而胎体有灰色、米黄、浅褐甚至红色。所以良渚黑陶也叫"黑皮陶"。

这种黑皮陶制作规整精致。1955 年在良渚荀山附近的水塘中曾经发现过一件黑皮陶壶，器壁最薄处仅 1.5 毫米，就跟蛋壳差不多。过去山东龙山文化的"蛋壳黑陶"久享盛名，其实良渚的"蛋壳黑陶"也不遑多让，两者有得一拼！

这种黑皮陶究竟是怎样烧造出来的呢？

据考古学家多年研究，这类黑皮陶除了所用陶土可能经过专门的淘洗外，在制作和烧窑过程中也采取了一些较为特殊的工艺方法。

这种独特的方法，叫"熏烟渗炭法"。

具体做法是，先给陶器涂刷一层陶衣，再抛光。最关键的工序则是入窑烧造。当器物在陶窑里即将大功告成时，还有最后一记神来之笔——人们在窑内有意燃烧湿柴，从而产生大量浓烟，让烟里的炭慢慢渗进陶器里，最后"熏"出一种亮亮的黑。

有意思的是，数千年前史前人类的烧窑制陶手法，在数千年后的少数民族地区仍然保留着。民族学调查发现，云南西双版纳傣族在烧陶器时，也是在烧到一定时候，将窑口密封，填进树叶或谷壳燃烧，用烟来熏黑陶器。

虽然良渚陶器以黑色为主，但也不乏其他陶色。比如红陶就是良渚陶器中的一抹亮色，在黑色的器物丛林中，红色器物显得活泼而热烈。

黑陶多素颜，但也有偶施粉黛的时候。在良渚遗址周边和贵族墓葬里，曾发现过一些良渚晚期的细刻纹陶器，精细的刻画花纹在黑亮的表皮衬托下醒目而灵动，堪称内敛而华丽。

比如江苏吴县草鞋山遗址 M198 中，就出土了一组黑皮陶器，其中鼎和两个双鼻壶制作精良，器表刻绘了繁缛的精美纹饰，连鼎盖都刻满了花纹：行云流水，意趣盎然。上海福泉山遗址也曾出土过周身细刻圆涡纹和蟠螭纹的黑陶鼎，细刻离鸟纹或曲折纹的黑陶壶，细细波浪，隐隐龙鬓，卷卷鸟纹，穿越千年。

良渚黑陶鼎

考古人员推测，这些装饰考究的刻纹黑陶器，可能并非一般的盛贮用器，很有可能是专用于礼制物品的盛放，当有"精神"盛放的意义。

舌尖上的神器

　　良渚墓葬里大部分随葬的陶器是实用器，有的可能墓主人生前用过，有的是新的，没有使用痕迹，直接入土。小部分是明器。

　　良渚陶器的种类有 20 多种，大致可以分为厨具、餐具、酒水器、收纳器等，一应俱全。而其中多数都与饮食生活有关，可以说是 5000 年前良渚人舌尖上的神器。

　　先来看他们做饭的家伙。

　　浙江一带的新石器时代遗址里，几乎都有水稻遗迹出土，这说明史前的浙江人是以稻米为主食的，跟现代人一样。那他们怎样将生米煮成熟饭呢？

　　比良渚人早近两千年的河姆渡人，是用陶釜煮饭。釜也就跟现在的锅子一样，不过要在下面架几块石头（或是陶支座），搭起来才能举火煮饭。到了良渚人的时候，进了一大步，他们发明了一种有三只脚的陶器来煮饭做菜。

　　陶器下面加了三只脚，可以架空举火用以烧煮，省去了像河姆渡人那样要找石头或是支座支起陶釜的麻烦，而且可以随意搬来搬去，何其方便！

良渚人的炊具，主要是陶鼎。因为要高温炊煮，所以良渚人专门用夹砂、夹蚌、夹炭的陶土来制作它们，这样可以耐火，还可以防裂。

说到鼎，人们再熟悉不过，汉语中留下了不少跟"鼎"有关的成语典故，如"三国鼎立""一言九鼎""问鼎中原"等。到商周时期，青铜鼎俨然成了国之重器，成为国家政权的象征。

正因如此，后世人们还以"问鼎"一词来暗指夺取天下权力。金庸的武侠名作《鹿鼎记》，其名即寓有"逐鹿中原，谁能问鼎"之意。

但其实，鼎最初只是一种陶制炊具，是由原先的陶釜下面加上三足演变而成。

陶鼎主要起源于长江中下游和黄河下游地区，它最早的源头可追溯到距今 6000 多年前。

良渚人的陶鼎有多种形制，按鼎身的形态可分为釜形鼎、罐形鼎和盆形鼎等。不同的造型，烧不同的东西，跟我们现在烹饪一样。比如大口浅腹的盆形鼎，在内壁曾检测到较多的动物脂肪酸，说明可能用来煮肉，而且大肚子的造型也适合搅拌。

不仅形制多样，陶鼎规格也大小有别。迄今发现的最大的良渚陶鼎，腹径可达 60 厘米左右，而最小的陶鼎腹径只有 10 厘米，就像现在的迷你火锅。不过常见的陶鼎一般直径都在二三十厘米左右。

陶鼎下面的三只脚更有意思，形态很是多样，不过最有代表性的是两种，一种叫鱼鳍形足，一种叫T字形足。

其实一看这名字就知道，这也是考古人员根据它们的外形来取的名。鱼鳍形鼎足是扁薄形的，看去特别像鱼鳍，故而得名。T字形鼎足其实是从鱼鳍形足演变而来，也是扁薄形，但它的横断面很像英文字母里的"T"。

这种鱼鳍形鼎足风格独特，为良渚文化所独有，而且几乎贯穿于良渚文化发展的全过程，成为良渚文化最基本的指示器之一。换句话说，下次你在野外或是在博物馆中看到这种带有鱼鳍形足的陶鼎，可以百分百肯定地下结论："这是良渚文化的陶鼎，没跑儿！"

除了陶鼎，还有一种蒸锅，叫甗，专门用来蒸食物，叫"隔档鼎"，它里面有一圈隔档，隔档下沿还有一个注水孔，便于水蒸气缺失时加水，食物就放在"蒸架"（箅子）上。专家做过取样，隔板及内壁检出了动物和植物脂肪酸，推测其用于蒸菜。

还有一种更高级的蒸锅组合，鼎上面放甗，通过鼎内的沸水把甗里的菜肉蒸熟。

良渚人如何煮饭做菜我们了解了，那他们的餐具呢？

从考古发现来看，良渚人的餐具形制也很丰富，而且功能多样。

食物煮好了，得有盛器。盛器主要有陶豆、陶盆、陶盘和陶簋，分别用来盛菜、汤、干果等等。尤其是盆和簋，一看就是煲汤用的，有子母口，有盖子，可以保温，还能保证汤不会洒出来。

良渚黑陶豆

这个陶豆最有意思。"豆"这个字我们常见，是现代人对双子叶植物中豆科的统称，没料到在古代也是一种器物的名称。

其中豆出土数量相当多，且从早到晚，器形变化明显，是良渚文化的特征性器物。它由豆把和豆盘组成，高挑的豆把承托浅腹的器身，食物搁置其中。

其实，"豆"这个字就是个象形字。如果找出甲骨文和金文里的"豆"字，你来对照一下，是不是跟陶豆非常像？

豆是分配到个人的盛食器，口浅，容量有限，因而很可能盛较干的饭菜。湖州塔地一座墓出土的豆盘内，还发现有成排的猪肋骨，这或可作为豆盛放食物类型的一个旁证。

良渚陶豆的造型很别致，早期和晚期也有不同的变化。最初的陶豆比较低矮，豆盘宽大，下面的豆把矮而粗大，像个喇叭，豆把上还镂有圆孔作为装饰。到了后来，豆把慢慢增高，而且越变越细，从原先的喇叭状变成了竹节状，上面还装饰有凹凸弦纹，并间以长方形或圆形的镂孔。

有了盛食器，按理也该有取食器，难不成良渚人是直接用手抓饭和菜来吃的？不过或许当时人也是用竹木之类的材质来制作取食器，可能早就腐烂了，所以考古人员找不着它们。

不过考古人员还是找着了另外几种材质的取食器。一种是匕，用动物骨骼制成，扁薄长方形，头部呈舌状，中部常弯曲成弧形。考古人员分析应该是用来进食的餐具。瑶山和汇观山遗址中还曾出土过玉匕。

骨勺也有发现。嘉兴凤桥高墩遗址 M9 中出了 2 件，样子跟我们称为"调羹"的小勺非常像，良渚人可能是用它们来喝汤或是进稀食的。瑶山 M12 里还出过一件玉勺。

此外，考古人员还在桐乡新地里遗址发现一类器形扁薄的带把小石刀，他们分析，这种小石刀很可能是良渚人随身携带用来割肉进食的工具。

这样看来，良渚人还是很会"过日子"的，饮食生活丰富多彩，不是我们通常想象中的粗茶淡饭的简陋样子。

说到良渚人会过日子，更有说服力的是他们的水器和酒器，花样更多。

良渚陶器中，跟饮水（酒）有关的器物主要有壶、杯、鬶、盉等几种。

先说壶。有一种双鼻壶，之所以得名，是因其口沿外两侧对称粘附有一对鼻状贯穿小耳。这是良渚文化独有的一种器形，因此也成为良渚文化最具特征性的典型陶器。

这种双鼻壶可以装水，当然也可以装酒。边上的两个小耳可以穿绳挂在身上，如同现在的行军水壶一般。

贯耳壶是良渚文化的另一种标志性器物，平底或圈足，垂鼓腹，肩部有一对纵向的竖耳，束颈处都有一圈凸棱。

葫芦形壶较为少见，考古出土的完整器不多，庙前遗址发现过一件完整器。

陶杯的造型可谓千姿百态，有平底的，有圈足的，有粗矮的，有瘦高的，有敛口的，有侈口的，有直腹的，有鼓腹的，有带把的，有无把的，还有带双鼻或盖子的，不一而足，个体大小也有一定差异。

三足盉则可以理解成史前的"开水壶"。上面饱满的容器内蓄水，下面三足支起，可以举火煮水，水烧开了直接通过"流"（壶嘴）倒在杯里。

该说说良渚人的酒器了。

事实上，当一种造型奇特、被称为"过滤器"的陶器被发现之前，对于良渚时期的人们是不是已经学会了酿酒，考古学者心里也并没有底，顶多只是猜测。

然而，"过滤器"出场了。

它刚出现的时候，考古人员都不觉得一愣：这是什么东西？怎样做成这般奇怪的模样？

它由三部分组成，主体是一个陶钵模样，边上带一个较高的漏钵，上面还有一个盖子。乍一看去，简直就跟现在的抽水马桶一样嘛！

1981 年，考古人员在良渚吴家埠遗址的灰坑里第一次发现了这类器物，器钵底上有排列规整的 19 个小孔，还有一道隔板。

考古人员于是作出了这样的猜测：这很可能是一种过滤器，而且是用来滤酒的。良渚人用米酿成米酒（或

陶过滤器

是用果子酿出果酒），经过这样的漏钵过滤，就可以筛出米粒或果渣，从而得到比较纯净的酒。

有了这样的实物例证，良渚时期的人们已经学会酿酒，已经是个不争的事实了。

一个有趣的疑题也同时出现了：在反山王陵中，只有M22、M23两座墓中各出土了一件陶过滤器，而从其他随葬器来判断，这两墓的主人都是女性。

这还不是孤例，在良渚庙前遗址的发掘中，考古人员发现陶过滤器和女性随葬品玉璜、纺轮一起出现在墓里。之后很多资料也发现了同样的情况，可以说，陶过滤器在女性墓里经常出现。

这说明了什么情况呢？难道说，在良渚文化时期，饮酒是女性的专利？当然，也有更大的一种可能性，在当时，良渚的女性更擅长做酒。

过滤器只在良渚遗址群和周边临近地区出现，以良渚遗址群为主，在周边的嘉兴、苏南、上海见不到。过滤器最早可以追溯到良渚的"上一代"崧泽文化晚期，奇怪的是，良渚文化早期之后，这么有特色的酒具就消失了。

如果说陶过滤器还只是做酒的器皿，那么真正的良渚时期酒器应当是这样三种——袋足鬶、宽把杯和双鼻壶，它们构成了一套完美的酒具。

先用袋足鬶温酒。怎么温呢？ 5000年前的良渚人，对于有限生活条件的改造，想象力比我们现代人要丰富。他们把酒倒进陶鬶的三只胖胖的腿里——袋足而且是空心的，这是良渚人模仿下垂的动物乳房做出的造型，一件充满了生命力的日常用品——它的外壁直接受火用来加温。

酒温好了，还要分酒，似乎跟现代人喝红酒一样讲究。宽把杯或许就是用来分酒的杯子。最后用双鼻壶来喝酒。长期从事良渚发掘研究的考古专家赵晔认为，双鼻壶和宽把杯都是特制的器皿，而且都有盖，专用于酒品的概率很大，盖上盖子可以保温，也可以不让酒精挥发。

良渚陶器中还有一大类，比如陶尊、陶缸、陶瓮等，是用来盛放贮存食物用的，姑且称它们为"盛贮器"吧。这些大容量的陶容器，可以用来储藏一时吃不完的食物或是植物干果之类，而那些容量较小的陶罐，则无论干的或液体的食物都可存放。

陶尊颇值一说。现代人可能想不到，如今表示"地位或辈分高"以及"敬重"意义的"尊"，在古代也是一种器物的名称。它是由圈足罐发展而来，或许是因它的圈足与喇叭口高度、形制完全对应，整器显得规范、端庄而威严，所以后来才会引申出表示"尊严""尊敬"之类的含义。

比起陶尊来，另一种容器陶瓮要大得多。江苏高城墩遗址曾出土很多陶片，经修复是一个大口小平底的大陶瓮，高达 78 厘米，可能是目前所见体量最大的良渚陶器。

陶器制作的匠心

陶器是由黏土经成型、干燥、烧制而成的制品总称，因而过去被称为是"土与火的艺术"。

良渚陶器的制作艺术，也堪称史前遗址中的一朵奇葩。我们从造型、陶色、装饰三个方面来看。

先说造型。良渚陶器的器形多姿多态，造型追求秀丽、对称，器身浑圆规整。以黑陶鼎为例，鼎身造型多样，有釜形、罐形和盆形几种，下面无一例外都装有鱼鳍形或是 T 字形的鼎足，稳重而端庄。

从众多的史前考古遗址出土物来看，陶制的圆形容器始终是中国古陶瓷器的主旋律，但在良渚文化里，椭圆形器也时不时会冒出几件，如椭圆形盘、椭圆形豆、椭圆形簋等。80 多年前何天行第一次去良渚寻访古物，就曾采集到一件刻画有符号的黑陶椭圆形盘。

更难得的是，良渚遗址中还发现了罕见的方形陶器。考古人员在卞家山遗址就曾发现一件四足方形陶盘，这也是迄今所见新石器时代遗址中仅见的一件四方形陶盘。陶盘体形硕大，长 62 厘米，宽 49.2 厘米，高 13.6 厘米。

陶四方盘

　　这件陶四方盘有宽折沿，两条长边的中间折沿间断并向上梯形隆起，大平底靠边有一圆孔。考古人员琢磨半天，也搞不清楚它的用途究竟是什么。

　　它底下有四足，按理可以受火，莫非它是烤火用的炭盆？但又没有发现火烧和渗炭的痕迹。长方形浅盘中凿有圆孔，像是水槽，但作为水槽，长边的中间又不需要隆起，实在让人匪夷所思。

　　从器形分析，当年陶工应该是将四边和底面以及四足分别制作，然后黏合在一起，加上体量巨大，平整的底面还不能变形，制坯和炉烧的难度可想而知。

　　瓷器界有句行话，叫"一方顶十圆"，意思是一个方形器物可抵 10 个圆形器物，足见方形器制作有多难。

　　良渚陶器的形态也并不总是对称、均衡的，也有动感、夸张的造型，而这些造型则明显受到动物形态的影响，也可以说是最早的"仿生"陶器。

三足盉就是典型例子。它虽然只有三条腿，但它的流口高高翘起，两足在前，后面一足如并拢的后腿，环形把手恰似上卷的尾巴，整体望去，俨然就是一只昂首嘶鸣的动物。

桐乡新地里遗址出土的一件三足盉，器形较扁，外缘有一圈凸棱状的边饰，乍一看颇像一只引颈翘首的乌龟。

还有上海福泉山遗址 M101 出土的一件，器身也是扁圆，也有凸棱，但整器直立，活像一只呆呆的企鹅。

有些宽把杯的造型中，也能看出动物的影子。卞家山遗址出土的一件，有着翘起的流（杯口），流的尖部与随形的器盖上沿就像微张的鸟嘴，好像正在嗷嗷待哺的样子，煞是可爱。

也是在卞家山遗址，考古人员还发现了一件奇特的陶器盖，竟然做成了猫头鹰的样子，圆睁而突出的两个

杭州风貌 *HANG ZHOU*

卞家山猫头鹰陶器盖

眼珠，配上弯尖的鹰鼻，简直活灵活现。巧的是，鹰鼻子恰好是器盖的捉手。盖在器具上，鹰脸朝上，如同与你对视，令人不禁莞尔。

说到器盖，也是良渚陶器造型艺术的一大特色。在不少良渚陶器上都有盖，目的自然是为了保温或防尘，这是良渚人生活品质较高的体现。难能可贵的是，良渚人将这些原本是实用功能的器盖，硬生生做出了艺术的形态，实现了"实用与艺术的完美结合"。

比如文家山遗址出土的一件兽钮器盖，盖钮捏塑成一只两角的动物，似鹿非鹿，似羊非羊，虽然看不出具体是何种动物，四足也没有表现出来，但明显就是一只站立的哺乳动物。

如果说以上所说的融合动物元素的陶器还只能算是"仿生"陶器的话，江苏龙虬庄遗址出土的一件猪形罐，简直就是活脱脱的一头小肥猪的"写真"了。陶罐有圆圆的器身，背上开有一个圆口，前有突嘴的猪脸，后有上翘的短尾，底下为四个乳钉状的小矮足。相信你看到实物，一定会惊呼：这不是我们小时候用来存零钱的"扑满"嘛！

能够反映良渚陶工在陶器形态上的巧心的，还有一种"异形器"。所谓"异形器"，就是其形状迥异于习见的陶器，颇有一种"标新立异"之感。

上海松江广富林遗址 M3 出土的一件三联匜就是极好的例子。它是由三个带流的匜联结成一体，腹内壁凿有三孔连通，如同三胞胎一样。这种三联器在后世屡有发现，制作工艺极其复杂。事实上，这种器物使用起来并不方便，倒更像是一件艺术品了。

说完造型再说陶色。良渚陶器崇尚黑色，器表越黑亮越显华贵，在已发现的十多个陶器种类中，黑陶占了绝大多数，尤其是作为炊食器和餐具的良渚陶器，几乎全为黑色。

这些黑陶器器形各异，高低错落，大小有致，这就好比现在的瓷质餐具，成套的碗、盘、杯、碟讲究格调一致，使用统一的色调和风格，而不会混杂多种颜色与图案。

相信看到这些"黑系列"的餐具罗列在你眼前时，你会情不自禁地轻轻感喟：良渚人，你的生活"讲究"得很哪！

事实上，虽然管它们叫"良渚黑陶"，但它们也不是浑身上下里里外外全黑，它们只是外表呈黑色，所以也叫"黑皮陶"。顾名思义，黑皮陶就是在陶器外表披了一层黑色的"外衣"而已。

这些黑皮陶在地下深埋数千年，当考古人员将它们发掘出土时，却仍是器表黝黑发亮，光可鉴人，这是怎么回事？

原来，良渚陶工在制作黑皮陶器时，动了不少脑筋。首先，他们用淘洗过的细腻的陶土调成泥浆，涂刷在陶器表面，这一来给陶器外表增加了色泽，同时也掩盖了稍为粗糙的器表。

完成这道工序时，他们会将完成的陶器放在阴处晾干，待陶器将干未干之时，再用鹅卵石、竹片、木片、骨器等工具多次打磨压光，将陶坯中的泥浆析出直至器表十分光亮，呈现出漆黑色光泽。

最后，将陶器放进窑中烧造，在即将完工时再用烟熏法将器表彻底熏黑。

良渚陶器尚黑，不过也有少量的红色陶器，所占比例虽然不高，但也各具特色。红色陶器主要有三类：红陶鼎、红陶缸和红缸罐。余杭南湖遗址出土的一件红陶鼎陶色纯净，远望如一团火焰，在一众黑陶器中显得格外亮眼。

最后谈谈良渚陶器的装饰，这也是良渚陶工展现他们的巧思匠心的重要着力点。

良渚陶器无论是黑是红，多以素面为主，这就对制陶匠师提出了挑战：如何让素面的陶器也变得好看起来？

良渚制陶匠人拿出了他们的答案：装饰。

一种常见的装饰手法，是在原本素面的陶器上，增加一些辅助的花纹。比如弦纹和堆纹，就是常见的手法。因为良渚陶器是轮制而成，只要用竹刀在器身上轻轻一点，高速旋转的陶坯就能被旋削出凹弦纹来。

而如果反过来，在器物的相邻部位用竹刀做减地处理（往下挖），则可以在分界线上产生凸弦纹或是竹节的效果。

你看，只消这样稍加点缀，立马就使得原本静穆无生气的器物，变得灵动起来。尤其是对那种乌黑光亮的器物，弦纹可以打破大面积的高光，赋予器物一些如同音乐旋律般的节奏与美感。

与凸弦纹是用竹刀在陶胎上"减地"剔挖相反，堆纹则是在原先的器物上用泥条堆成带状装饰，是做"加法"。它的目的除了美观之外，还有实用的考虑：这样可以防止器表太过光滑，人们在搬动时容易失手而致器物滑落。

镂孔也是良渚陶器上常用的装饰手法，有圆镂孔与扁方镂孔两类，主要见于陶豆把或圈足盘的圈足上。它是陶工在制陶时，用竹锥、竹管、竹刀之类工具，在圈足、高把等部位刺穿或削剔而成，使陶器看上去有玲珑之感，当然，也有透气、散热的实用功能。

除了以上几种主要为装饰功能的纹饰外，良渚陶器中还有一种阴线刻画纹饰，图案比较具象，有鸟首盘蛇纹、各种变体简化鸟纹、云气纹、折线纹、卷云纹等。考古人员分析，这些纹饰恐怕也不纯粹是装饰，可能还有某种特定的含义。

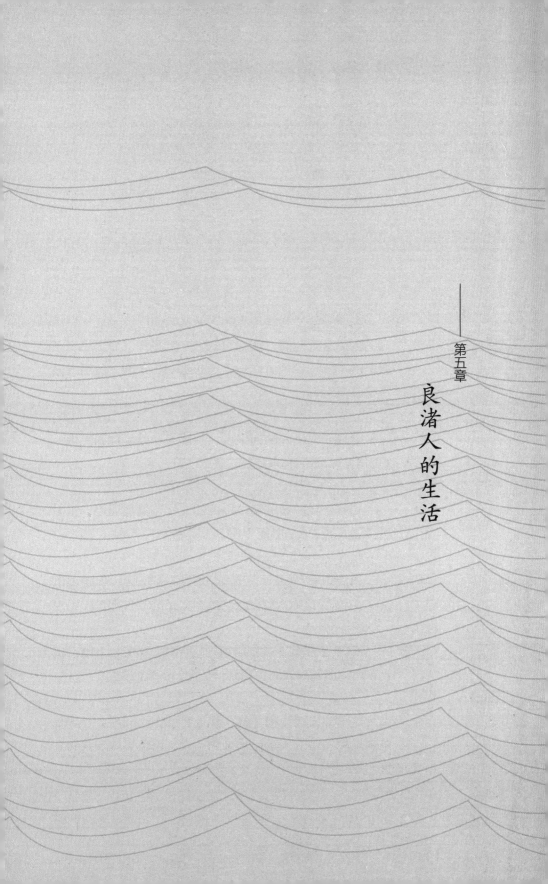

第五章

良渚人的生活

良渚人的"食谱"

在前一章"石器和黑陶"里，我们已经走进了良渚人的生活，对他们日常使用的生产工具和生活用品有了粗略的了解。我相信你一定更想进一步知道，良渚人究竟是怎样生活的？

用我们现代人的话来说，生活无非就是穿衣吃饭，安居出行，概括起来就是"食衣住行"四个字。

那就让我们通过考古发掘的文物和其他遗迹，来看看良渚人的"食衣住行"吧。

"民以食为天"，无论古今都是如此。在遥远的5000年前，良渚人究竟是吃什么，又是怎么吃的？

2000多年前，大史学家司马迁在写《史记》时，提到东南海滨越族人时，用到一个词——饭稻羹鱼。

这里的"饭"和"羹"都是名词作动词用，意思是东南沿海一带的人是以稻米为主食，用鱼肉做成菜羹下饭。

看到这里，你可能会感叹：从前的越人，"伙食"还挺不错啊！

从考古发现来看，5000 年前的良渚先人，过的也是"饭稻羹鱼"的生活。

稻米是良渚人的主食，这已经为大量的考古发掘事实所证明。

2010 年，考古人员在发掘莫角山遗址时，在莫角山东坡有了惊人的发现。这是一个灰坑遗迹（"灰坑"是考古上的术语，往往是古人留下的垃圾坑或是窖穴），面积非常大，里面还有大量木炭、红烧土块、草木灰等灰烬。

显而易见，眼前的一切，是被一场大火烧过后留下的遗物。考古人员通过"浮选法"，就是洗土，把遗址中采集来的土倒入盛满水的容器里，炭化物比重小，会浮到水面上。

果然，大量的炭化稻谷（米）浮选了出来，有些稻谷甚至还没有脱壳，还夹杂了很多稻穗柄。

经过测算，被烧毁的这堆稻谷约有 1.2 万千克。

这是一个古代的粮仓啊！可能一着不慎发生了火灾，就成了现在看到的这个样子。

事实上，从考古发掘来看，在良渚古城内，像这样的炭化稻米堆积点，还不止莫角山宫殿区一个，目前城里共发现 6 处。其中，池中寺的粮仓最大。

莫角山遗址
炭化稻米

2017 年，考古人员在古城内莫角山以南，皇坟山和桑树头之间一个叫"池中寺"的台地上，也发现了两大片炭化稻谷堆积，经过测算，居然超过了 195 吨！稻谷旁边还发现了一截截绳子，可能是用来捆扎的。

这样的发现，在中国同一时期的史前文化中，独一无二。

古城里这样的稻谷，是从哪儿来的呢？考古人员曾在古城遗址内外做过专门的钻探调查，并没有发现任何水稻田的迹象。

这就是说，当时住在城内的良渚人，很可能不耕种水稻，"城里人"并不从事农业生产。

种水稻的地方，在广袤的郊外。考古人员在东距古城约 30 千米的余杭茅山遗址里发现了水稻田遗迹。那时的稻田跟我们现在想象的阡陌纵横、稻浪翻滚的壮观景象还不一样，面积都比较小，是条块状的，面积在 1 平方米到 40 平方米不等，田块之间还分布着小河沟。

不过到了良渚文化晚期，稻田规模明显扩大，原先条块状的稻田已发展成连片的大面积水稻田，据测算面积最大的有约 83 亩，为目前所见史前遗址中最大者。

茅山遗址的水稻田是迄今发现的面积最大的良渚文化稻田，这里很可能就是当时的"国有农场"。

良渚人种水稻，除了稻田遗迹，还留下了不少其他例证。比如在一些陶器的胎土中，经常能发现掺有炭化的谷壳、秕谷等稻植物体或其印痕。这样做的目的，是为了增强陶器在火上烧烤时的防爆裂能力。

还有，良渚遗址中出土的石器中，像石犁、石刀、石镰，都是种植水稻的铁证。石犁用来耕土，石刀用来除草，石镰则用于收割。尤其是石镰，造型跟现代的镰刀几乎一模一样。

良渚先民以稻米为主食，其实一点都不奇怪。

良渚人生活在环太湖流域的水乡沼泽平原，这里水网密布，气候温暖湿润，特别适于水稻生长。从考古发现来看，这一区域也是目前所知的水稻人工栽培的起源地之一，稻谷驯化始于一万多年以前。

虽说大量的考古发掘实物证明了良渚人主食为稻米，但如果你以为他们的食谱就是这样简单的话，那就大错

良渚古城遗址内出土的动物骨骼

特错了。

从目前收集到的考古资料来看，如果据此列出一份良渚时期的可食性动植物名单，简直是一份让饕餮客垂涎欲滴的山珍海味总汇呢！

在良渚文化遗址里，通过分析遗存的动物骨骼，动物考古学家目前发现了 44 个种属的动物遗存。

先来看水产品。太湖流域地势低洼，湖沼遍地，盛产螺蚌鱼虾。

这种地理环境决定了水中之肉必定会成为这一带人的主要食物之一。

从考古发现看，良渚人食用的水产品主要有鲤鱼、鲫鱼、鳢鱼、青鱼、鳖、龟、蟹、蚬、螺蛳、蛤蜊、河蚌和海中的鲨鱼等。

良渚时期的渔业捕捞，有频繁出土的渔猎用具和鱼鳖残骸，以及成堆的螺蛳壳、蛤蚌壳等遗存为证。

网坠是良渚文化遗址里颇为多见的渔猎用具，由此推测，当时织网捕捞已是渔业的主要手段。遗址中也出土了不少鱼叉、箭镞、弹丸、鱼镖等渔猎用具，反映出叉、扎、射等传统捕鱼手段在良渚时期仍在大量使用。

良渚时期渔业捕捞的水平，同时也可由遗址中发现的鱼蛤残骸来印证。良渚卞家山遗址出土有大量鱼、龟、鳖残骸，以及成堆的螺蛳壳、蛤蚌壳等遗存，反映出当时水产品的食用量已有相当规模。

而多处良渚墓葬中鲨鱼牙齿的出土，显示良渚人捕鱼业的触手甚至已伸向了浩渺的大海。

事实上，除了稻米和鱼虾之外，良渚先民的肉食品种也不少。

推究良渚社会的肉类食物，可能主要来源于狩猎和家畜饲养。在考古发掘的良渚文化遗址或墓葬中，已发现的动物残骸有猪、鹿、狗、牛、獐、麋、虎、象、兔等陆生动物，还有多种的鸟禽类。

从遗址中保存下来的动物残骸看，良渚人狩猎捕获最多的动物是野猪和鹿类。

野猪至今仍是太湖流域山地中最多见的大型野生动物，性情暴躁，因此，捕猎野猪向来是勇敢者的游戏，而野猪獠牙也是对勇敢者最好的奖励，在不少良渚时期墓葬中，我们都能够见到良渚人以成串的野猪獠牙作为头饰、项饰的现象。

鹿是另一类遗址中常见骸骨的被狩猎动物，鹿角以及采用鹿角制作的箭镞与角锥，在许多遗址中都有出土，而野生鹿群大而容易猎取，因此成为良渚人主要的狩猎对象。

除了靠打猎，当时人也已经开始了家畜驯养。从考古发掘来看，至少猪和狗可确定为家养动物，尤其家猪的遗骨和牙齿在良渚文化遗址中出土最多。

怎么样？良渚人的"食谱"够丰富吧？

还没完呢。在良渚人的餐桌上，除了上述的这些肉类和海味，还有不少"山珍"。

什么山珍呢？就是各种植物的果实。良渚人生活在山边，都说靠山吃山，他们也是如此。

考古学家通过"浮选法"，将良渚文化地层堆积的发掘物进行淘洗，经常发现不少可以食用的植物果实与种子。我们来看看这个清单：菱角、芡实、莲子、葫芦、甜瓜、桃子、梅子、李子、柿子、葡萄、橡子、南酸枣……

而竹子、板栗树、葛布的存在，表明竹笋、板栗、葛根等也很可能已成为良渚人的果腹之物。

有没有一种让人馋涎欲滴的感觉？

这里重点说两样。

一是橡子。橡子树至今在江南仍是漫山遍野，它的果实——橡子经煮熟或炒熟即可食用，但有苦涩味，现在民间一般用它加工做豆腐，或酿造低档酒。

良渚人如何食用橡子已不得而知，但橡子所含成分主要为淀粉，与稻米、菱角、芡实一样，因而完全可以用于弥补粮食的不足。

二是梅子。梅子虽说是水果，但中国人很早就将它制成调味品用于烹饪，如《左传·昭公二十年》中就有"水火醯醢盐梅以烹鱼肉"的记载。这就不免让我们浮想联翩：良渚人是不是也已经学会了利用梅子的酸性来调味了？

有趣的是，这份良渚人食物名单中的许多品种，直到今天，仍然是太湖流域供人果腹的物产。

总之，良渚人的"食谱"，就当时而言，虽然谈不上完美，却也已是相当丰盛了。他们以谷物类为主食，辅以肉食、鱼虾与蔬菜瓜果，荤素搭配，还是非常科学合理的呢！

衣麻织绢

了解了良渚人餐桌上的美味，我们再来看看他们的衣饰。他们穿什么？

在惯常印象中，生活在石器时代的史前人类似乎总是披着兽皮或是树叶，抑或就是赤身裸体的样子。其实不然。

考古资料表明，其实早在几万年前的旧石器时代的晚期服饰已经出现，在北京山顶洞人遗址中就出现了骨针，显见是用于缝织衣物所用。

生活在 5000 年前的良渚人，他们的衣饰是什么样的呢？

从考古发现的种种迹象来看，良渚文化时期的人们衣饰已经相当考究。他们穿衣已不仅仅只是为了御寒或是遮羞，已经有了装饰的意味，甚至还成了区分等级和身份的标志之一。

不过，结合当时的条件，考古人员推测，他们的衣饰的质料主要还是各种麻织物。所以，学者们还给良渚人取了个好听的名字：衣麻之族。

为什么说他们是衣麻之族？有实物为证。

1958 年，考古人员发掘湖州钱山漾遗址，在那里发现了一些细麻绳、麻线和麻布遗迹，经鉴定原料为苎麻纤维。后来，考古人员在发掘余杭卞家山遗址时，还在出土的一些陶器盖钮上，发现了残留的麻布印痕。

这些都成了良渚人着"麻衣"间接或直接的佐证。

制作这些麻布、麻线和麻绳的原料，是一种叫作"苎麻"的植物。苎麻为荨麻科苎麻属，多年生草本，往往在春天自宿根生长出茎，茎丛生，高可达 1 米。

苎麻多生长在山地和丘陵地带，茎皮纤维可用于纺织。苎麻是中国的原产植物，并为我国所特有，因此被外国人称为"中国麻"。

从文献记载来看，在中国南方地区，很早就开始利用苎麻来抽丝织布，制成的布叫作"苎布"，夏天穿之，轻薄凉快，而且可以耐久。如宋代人周去非在《岭外代答》一书中就提到了这种苎布，称其"洁白细薄而长，土人择其尤细长者为练子。暑衣之，轻凉离汗者也"。

如此看来，早在 5000 年前，良渚人就已经知道用苎麻织布的好处了。

不过苎布制成的衣物好是好，但毕竟比较轻薄，也只适用于天暖之时。到了寒风凛冽、大雪纷飞的冬天，良渚人该怎么御寒？

他们有办法，穿动物的毛皮！

禽之羽和兽之皮，是人类最早的御寒物之一。《礼记·礼运》中就曾记载，谓古人食草木之实、鸟兽之肉，另外还"衣其羽皮"。意思是古人打完猎，将捕获的动物肉食吃了之后，还用它们的毛皮来当衣物取暖。

虽然说动物的皮毛极易朽烂，在考古遗址中很难有实物遗存发现，但我们仍然有理由相信，在良渚人的衣着中，动物的皮毛一定也占据着半壁江山。

动物考古学家曾分析在良渚文化遗址中发现的动物骨骼，分辨出了 40 多个种属，有许多是我们非常熟悉的：大雁、野鸭、鹤、鹰、红面猴、狗、虎、水獭、野猪、麂、獐、水鹿、梅花鹿、圣水牛、亚洲象。

这其中，有许多大型的哺乳类动物，它们的毛皮不正是极好的御寒衣物吗？

说不定，良渚人还能穿着虎皮大衣呢！

对了，出土的动物骨骼中还有鲨鱼。这就有意思了，会不会当时的人还能用鲨鱼皮来制衣？

从文献记载来看，鲨鱼一身都是宝：鲨鱼牙坚硬无比，可用作琢玉的工具；其肉可食用；鲨鱼皮不仅厚实有韧性，而且皮纹美丽。《荀子·议兵篇》中就有"楚人鲛革犀兕以为甲，鞈如金石"的记载，这里的"鲛"指的就是鲨鱼，是说楚人用鲨鱼皮制成兵甲用于作战。

良渚人用兽皮为衣，也在当时他们刻琢的玉器图案中反映了出来。在良渚大玉琮上刻有一种"神人兽面纹"，如果仔细看，会发现那个"神人"除了脸和手外，其他部位都刻满了一圈圈的花纹，乍一看，就跟豹子皮差不多。

有人就开玩笑了：这个神人，说不定穿的就是用兽皮做的紧身衣呢！

还不光是衣服，神人头上还戴着一个宽大的羽冠，看去像个"风"字形，这个帽子上也有类似的花纹，莫不成这也是一个用兽皮做的帽子？

通过以上的描述，我相信你对良渚人的穿着已有一定的了解了。但仅仅是这些吗？不是的。

在良渚遗址中还出土了不少纺织用的工具。透过这些工具，我们可以想象当时的人在穿衣方面，动了多少的脑筋。

先说纺轮。良渚遗址里发现了不少纺轮，有陶制的，有石制的，也有个别玉制的。纺轮是利用其自重和连续旋转来纺线的工具，除了利用苎麻来织麻线，他们还很可能将动物的毛来捻成毛线，然后直接编织成"毛衣"。

陶纺轮

　　良渚遗址里还出土不少双翼形的小石刀，长期从事良渚遗址发掘研究的考古专家蒋卫东推测，这种小石刀很可能是用于剥取兽皮和刮除皮上筋肉的制革工具。

　　捕获了动物，良渚人用小石刀将其皮与肉分离，兽肉可以果腹，而兽皮通过反复鞣制的物理方法鞣熟，就成了良渚人冬装的重要原料。

　　既然良渚人已经学会纺线，那他们会不会更进一步，开始有目的地织布呢？考古发掘的实物提供了肯定的答案。

　　在反山王陵的 M23（墓主为女性贵族）中，出土了三对玉端饰（共 6 件），它们一一对称配套，相叠在同

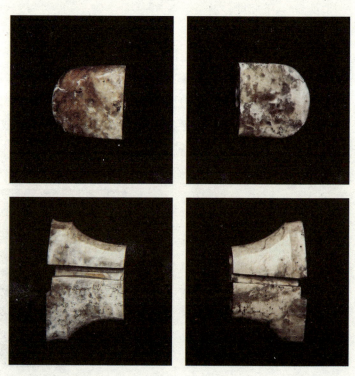

玉织机具

一位置，连结镶插的木杆已朽烂，遗痕长约 35 厘米。

经过多年的研究，考古学家确定它们是用于纺织的专用工具，分别由卷布轴、机刀和分经杆组成。

这些器物组合起来，就成了一套原始的织机，它的专业叫法名为"踞织腰机"。

考古学者们根据后世民族学调查的资料，用倒溯追源的方式，还原出了 5000 年前良渚人的原始织机的样子。

他们甚至还"推演"出了当时良渚人如何织布的样子：织者坐在地上，将整好经线的织机套在腰上，用腰背把卷布轴系于腹前，再用双脚蹬起经轴，使织机上的经线基本平齐，一手用开口刀逐一穿过经线，穿好之后竖起，使经线分组，形成开口，然后用木质的细棍（或梭子）绕线引纬，放平开口刀，轻轻打纬后抽出，然后开始下一纬的织造……

虽然用现在的眼光看，这还是一种相当原始的、纯靠手工挑织的原始腰机，但其各部件的设计已非常合理实用。要知道，这可是在 5000 年前啊！

反山王陵 M23 出土的这三套纺织工具，竟然是用玉制成的，这又不免让人想象力开始驰骋了。

玉在良渚人的心目中是极珍贵的，甚至可以说是他们精神世界中的灵魂（在下一章"玉魂国魄"中会有详细叙述）。用珍奇难得的玉材来制作纺织工具，有着怎样特殊的寓意？

有没有这样一种可能：能配得上玉质纺织工具来编

织的，也是一种特别珍奇的材质？

答案似乎呼之欲出了：当时是不是已经有丝绸的编织了？

中国向有"丝绸之国"的美誉，从考古发掘来看，早在6000年前已有养蚕织绸的实物例证，而且在很长时期内，养蚕治丝的技术一直为国人所独擅。

而良渚所在的杭嘉湖一带，从唐宋时候起，就一直享有"丝绸之府"之誉，如果说在良渚文化时期已经出现了丝织，应该也不是令人诧异的事。

事实上，早在1958年，考古人员就在湖州钱山漾遗址中发现了年代属良渚文化的绢片、丝带和丝线等丝织物。尤其是那片绢片，虽然只有拇指大小，却弥足珍贵，因为这是迄今所见世界最早的丝织品实物。

不过，虽然说良渚时期人们可能已经开始丝织，但是可以想象，不是谁都能有资格去穿丝绸衣物。最有说服力的一点，用玉质材料做的织机也就在反山王陵里发现一例，这说明丝织品在当时也还是稀罕物，是属于极少数生活在金字塔顶端的人的"特供"产品。

从以上的描述，我们已经对良渚的穿着衣物了解得差不多了。他们也跟我们现代人一样，夏穿薄衣、冬着厚装，自然生长的苎麻和林间的野兽，源源不断地为他们提供衣物的原材料。

至于良渚人服装的具体"款式"是怎样的，因为无论是麻衣或是兽皮，都极易腐烂，在考古发掘中迄今没有发现实物可以例证，现在的人也无从判断。不过，考古人员曾在江苏高淳朝墩头遗址 M12 中发现一件良渚时期的圆雕人像，为我们了解良渚人的衣饰式样提供了珍贵的标本案例。

这件圆雕人像上刻画有阴线图案，从这些图案来看，人像身上穿着的似乎是一件方口，无领无袖的筒状套头衫。套头衫？现在的人也经常穿啊，这不免让我们恍惚间有了一种"穿越"的感觉。

这是目前唯一的一件关于良渚人服饰款式可资参考的考古资料。由于考古出土实物和图像资料的单薄，我们尚难以确定这一款式是否就是良渚人服装的基本样式。

虽然对良渚人的衣饰款式我们尚不大明晰，但考古发掘的材料却让我们对他们在服装的配饰方面有了清楚的了解。从反山王陵几个大墓的出土物看，良渚贵族在入葬时，装扮极其考究，几乎可以用"满身尽着玉器装"来形容。

你看啊，他们头上戴着玉冠饰（连同象牙梳），颈项上挂着玉串饰，如同项链一般，手臂和脚腕上还套着玉镯、玉环，还有一些玉饰件如半圆形器、玉月牙形饰、半瓣形饰，以及一些球形隧珠孔，则是缝缀在衣服上的。

当然了，这些良渚显贵者用这些琳琅满目的玉器来装饰，既是为了美观，更重要的是用它们来标明身份。毕竟，能够拥有玉器，只能是这些显贵的特权者。

浅穴、平居与干栏屋

该说说良渚人的房子了。他们住得咋样？

考古人员曾在古城内钟家港河道中挖出了三根巨大的木构件，其中一根长 9.5 米，上面还凿有 39 个卯孔，一端还有方形榫头。经过检测，树种是槲栎。显而易见，这些木构件当年都是用来建筑宫殿用的。

一根木柱就长近 10 米，可想而知用它建造的房屋该有多大规模。良渚王住的宫殿会是啥样的，你大概可以想象了吧。

不过，王总归只有一个，我们更关心的是当时普通的良渚人，他们住在怎样的房子里呢？

事实上，在几十年的良渚遗址考古发掘中，考古人员一刻也没有停止对良渚时期房屋建筑遗迹的寻找。但可惜的是，因为年岁久远，迄今为止仍然没有发现保存完整的良渚时期的房屋建筑遗迹，甚至连残墙断垣的影子也没有见到过。

能够发现的所谓"建筑遗迹"，通常只是一些遗留在遗址地面上的规则或不规则的柱洞，以及一些稍为平整些的火烧过的土面。

但考古学者仍然没有放弃这方面的努力。在对各地良渚文化遗址中发现的星星点点关于房屋建筑的蛛丝马迹进行多年细致深入的研究之后，对5000年前良渚人住的房屋式样，他们还是心里大致有数了。

通过他们的研究复原，可以推断，当时良渚人是因地制宜、灵活机动地建造自己的居住场所的，主要有三种形式。

第一种，叫浅穴式屋。所谓浅穴式，也叫半地穴式，就是由地面垂直向下挖出一个土坑，利用坑壁作为房屋的四周墙壁，然后在坑口用树干、树枝搭出屋顶，上面覆盖上树叶、茅草，一座简陋的房屋就完成了。

这种半地穴屋在北方的史前遗址中比较常见，因为北方相对来说比较干旱，住在地下也不会觉得潮湿。最重要的是，建造这样的房屋比较省力易行。不过缺点也是明显的，住在半地下，容易受到野兽的侵袭。

从良渚遗址中发现的实例来看，这种浅穴式建筑通常位于河岸两侧的坡地上。这种选址很聪明，离水源近，可就近汲水，地势相对较高，也可减少雨水对房屋的冲刷破坏。

半穴式房屋形状主要有长方形和方形两种，偶尔也见有L形和圆形的。圆形的房屋最有意思，考古人员发现，良渚人在下挖的圆形坑壁一周都用树枝编排，形成束盖顶，顶端用绳索捆扎，看上去有点像草原民族使用的帐篷和蒙古包呢。

从遗留的柱洞分析，当时屋顶多为两面坡棚架式，房屋高度在 2.2—2.5 米之间。屋内地面多经过平整，有的上面还铺上一层黄土。

第二种房屋最有特色，叫干栏式建筑。

干栏式建筑最早见于 7000 年前的河姆渡遗址，它的建筑方式是先在地下打木桩，然后在桩上铺板，再后又在上面立柱盖顶。远看去，整个建筑除几根柱子着地以外，其他都离开地面，像是用几根柱子撑起的"空中楼阁"一般。

这种干栏式建筑是古代先民的一种伟大创造，它特别适合于水网密布、气候潮湿的地带，居住面架空，既可防潮防水患，又能防蛇虫猛兽的侵害。

现在云南西双版纳傣族的竹楼，其实就是干栏式建筑，由此可知，这种古老的建筑式样其生命力有多顽强。

良渚人所生活的地带，恰恰也是水乡沼泽地带，河流密布，地下水位也高，因此良渚人建造这种干栏式建筑，是非常聪明的选择。

那么，良渚人的干栏式建筑长啥样？充满偶然性的考古，有时也会给人带来意外的惊喜。2003 年，考古人员在发掘海盐仙坛庙遗址时，出土了一件陶器盖，当把器盖翻过来时，人们意外地在内壁发现了一幅干栏式建筑的刻画图案！

可以清楚地看到，在刻画的图案中，下部为 6 根竖向短线，其上有一长横线，表示由每排 6 根的一组桩柱支撑起一个平台。在横线上方，又有两根竖线，这应该就是房屋的立柱了。再上面，就是斜陡的四面坡状屋顶。

不知道当时刻画这些图案的人是有意还是无心，但我们要感谢他，正是这个不知名的良渚人为我们留下了5000年前良渚时期干栏式建筑的最直观形象。

再后来，考古人员在余杭庙前遗址发掘时，也发现了两处良渚时期干栏式建筑的真实遗迹。这两处房屋都处在古河道边，呈长方形，有三面墙都用两排方木柱支撑，有26个坑壁较直而规整的柱坑，和浅穴式建筑那种倾斜的柱洞明显不同。更有说服力的是，在柱洞的坑底还发现铺有木板。

显然，这是体量较大的建筑，在坑底铺木板是为了增加柱子的承重力。由此来推断，这两处房屋极可能就是当时的干栏式建筑。

良渚人的第三种房屋是地面起建式建筑。

地面起建式建筑，即从地面上筑基、立柱、砌墙、盖顶的一种土木结合的建筑形式。

良渚时期的地面起建式建筑，结构上已具备了台基、柱梁与屋顶三人部分。一般都是在地势相对较高的土墩或高地上建造，若是在地势较低的区域，则要先用黄土堆积形成人工土台，然后再在台上建房。

台基建好后，就要立柱砌墙。先挖出一周墙体基槽或柱洞，再在基槽或柱洞内立柱，再用土夯实。立柱上以榫卯结构或绑缚的方式承接横梁，形成房屋梁柱的基本框架，然后起墙，用芦苇或茅草铺盖屋顶。

那时的墙通常是用经编排的细木棍、竹子或芦苇做骨架，然后两面抹上掺和谷壳秸秆的混合泥，再略加火烧烤而成，这叫"木骨泥墙"。

考古人员曾在钟家港河道里发现几块"白墙面"，其中一块是转角的红烧土墙块，表面涂刷得相当平整，和我们今天的土坯房墙体外观已没有太大的差别。

有意思的是，考古人员在发掘余杭卞家山遗址时，也找到了一件珍贵的陶质房屋模型，它保存了较完整的屋顶形态，虽然墙体部分已大部残毁，但依然可以清晰地看出这是一座地面起建式的房屋。

如果仔细看，发现它的屋顶突脊出檐，主体呈人字坡形，两侧面也呈斜弧形，呈现出四面坡顶的形状。每个坡面上各有一个气孔，屋顶表面遍布一种斜细线，非常形象地表现出屋顶应是以草编或芦编类细长的茎叶铺设的。

相对而言，地面起建的房屋工程难度要大得多，在良渚古城莫角山宫殿区已发现的建筑遗迹中，多属这类地面起建式建筑。这或许也可以说明，能够住在这样的房子里，也是身份和阶层的象征。

这类建筑的居住面往往经过特意的营建，或是用火烧烤形成硬的红烧土面，或是在上面铺设多层干燥的黄土。

可能因为当时的建筑用材除了土石之外，也用了比较多竹木茅草这类易燃的材质，所以当时房屋内多不设灶间，要举火做饭，须在室外另觅他地。考古人员在发掘桐乡普安桥遗址时，就曾在建筑遗迹门外发现了一处露天的灶膛。

良渚时期人们已经聚族而居，过上相对稳定的定居生活。既然定居，就对饮用水源提出了较高的要求。正因如此，与建造房屋相配套的另一种重要生活设施——水井就出现了。

考古人员在良渚遗址群范围内发现了大量的水井，其中最有代表性的是在余杭庙前遗址发掘中发现的木构"井"字形水井。

这口水井由一个深锅状土坑和平面呈"井"字形木构框架两部分组成，木构的框架由一根根条木纵横交错地铺成（用榫卯结构相连），井口边长约 80 多厘米，井残高 1.3 米左右。

如果从空中俯瞰，这口水井俨然就是一个象形的"井"字。这就不免让人产生联想：这种用榫卯套合的"井"字形木框，是否就是"井"字的来历？在上海亭林遗址良渚文化陶罐底部刻画的"井"字符号，跟甲骨文、金文中的井字几乎一模一样，似乎印证了这种猜测。

其实，现代汉字中的"井"字，在金文中写作"井"，中间还有一个点。考古人员分析，中间那个点或许代表的是汲水用的陶罐。而在余杭庙前遗址发现的这个木构水井底部，的确也发现了陶壶、陶罐这类汲水用的容器，进一步印证了它的用途。

舟楫为马

良渚人的"食衣住行"，一一道来，终于到了"行"这一篇了。

"行"就是出行。良渚人无论是出工干活，还是走亲访友，又或者是参加庆典、祭祀或是先王的葬礼，都免不了要出行。他们是采用什么样的交通工具呢，不会只是"坐11路车"（两条腿步行）吧?

在前面提到过很多次，良渚人是生活在水乡沼泽地带。你应该可以猜到了，没错，他们的主要交通工具就是舟船。

事实上，良渚遗址核心区所在的长江下游、环太湖流域，本来就是一个水网河道众多、湖泊星罗棋布的地带，生活在这一地区的远古先民，为了适应这种自然环境，很早就与舟楫结下了不解之缘。

记述春秋战国时期吴越人生活的《越绝书》曾经记载，当时的越人"习之于夷"，"夷"就是海，就是说越人对海洋非常熟稔。又说越人"水行而山处，以船为车，以楫为马，往若飘风"。这段描写非常生动，说越人以舟楫为车马，来去迅疾，潇洒自如。正因如此，越人还获得了一个叫"有舟氏"的美誉。

　　考古发掘也证实，在良渚人所生活的这一区域，先民们很早就发明了舟楫这种水上交通工具。最有说服力的是，2001年，考古人员在距今8000年的萧山湘湖底下跨湖桥遗址中，发现了一艘近乎完整的独木舟，长达5.6米，是迄今所知世界上年代最早的独木舟。

　　到了距今5000年的良渚时代，舟船建造技术可以想见的更加进步了。

茅山遗址
独木舟出
土时情景

但是，在一开始的考古发掘中，并没有找到良渚时期舟船的遗迹。而与舟船使用配套的木桨却发现不少。早在1950年代，湖州钱山漾遗址和杭州水田畈遗址中都出土了良渚时期的木桨。钱山漾的木桨长近1米，水田畈出土的木桨虽是残件，但桨的翼宽达到了26厘米，迎水面很大，可以推想当时的舟船体量一定不会太小。

功夫不负有心人。时光到了2010年，考古人员终于在良渚茅山遗址中发现了一条良渚文化时期的独木舟，它的样子和如今的独木舟样子差不多，全长7.35米，最宽处0.45米。这是良渚文化首次发现独木舟，也是目前国内考古发掘出土中最长、最完整的史前独木舟，距今5000年。

有舟船，有木桨，还得有码头。考古人员接着寻找，终于在卞家山遗址找到了。

考古人员在发掘卞家山遗址时，先是发现了大量遗落的木桨。由此可以判断，这个遗址是位于古河道内。他们顺藤摸爬，接着找寻，结果果真在这个聚落的南部水岸处，发现了140多根木桩。

这些木桩用粗大的原木削制而成，底部尖锐，插入原河道的淤积土中，顶部原本应该架设有水平分布的横木。

通过发掘和研究，考古人员还有新的发现：卞家山码头分成了两部分，一部分是沿岸的埠头，由三排并列的木桩支撑，一部分是外伸的栈桥，以大致等距的横排木桩为桥墩，两者呈L形分布。

两者结合，就构成了一处水运码头。

卞家山码头木桩遗迹

　　考古人员还在卞家山遗址河沟边挖出了一根长约
230厘米、直径约85厘米的硕大"木桩"，大木桩下端
削尖，近上端有两个牛鼻形的穿孔，他们猜测，这很有
可能就是立在河岸边泊船的拴船桩。

　　由此可以想见当时居住在良渚古城内的人的生活场
景：人们聚居在城内人工堆筑起来的高地上，旁为水道，
舟筏出入。如此临河而居，类似于现在乌镇、周庄这样
的江南水乡生活模式，原来早在5000年前就有了。

　　有了舟船，就如同给良渚人插上了翅膀，大大拓
展了他们的生活空间。在遗址中经常发现用来随葬的鲨
鱼牙齿，显然这是来自大海的礼物。鲨鱼不会自己跑到
良渚人的家园中来，这应该是良渚人乘着舟船捕猎的战

利品。

近年来，考古人员也在位于东海之中的舟山群岛上发现了良渚文化的遗迹，这说明良渚人的影响已到达浙江沿海的岛屿。这靠的是什么？显然舟船功不可没！

除了水路交通，考古人员还在发掘中意外地发现了良渚时期的道路遗迹。

一处是在浙江宁波的慈湖遗址，另一处则在江苏吴江的龙南遗址。两处的路面非常相似，都是用陶片铺筑，这可以防止雨水泥泞难走，考虑很周到。其中慈湖遗址的路面还铺有砂石，路基两侧还打入密集的木桩加固，以免路面塌坏。

能想到对道路进行硬化，同时还不忘了道路的维护，很了不起呀！

发现良渚时的道路已足够让人惊喜了，更让人惊喜的还在后头：考古人员甚至还发现了当时良渚人在这路面上行走时穿的鞋子。

1988 年 8 月，考古人员在宁波慈城遗址发掘，挖到第四文化层（良渚文化地层）时，泥土中竟然出现了两只木屐！

这两只木屐长约 21—24 厘米，平面近似长方形（四角成委角状），前端、中部与后端各凿一小圆孔，着地的底面则在中部与后端的圆孔间分别凿一道横向的浅凹槽，以便穿孔作系带的绳索嵌入槽内中不致行走时磨断，设计得还挺科学。

巧的是，两只木屐都属左脚木屐，另两只右脚的木屐不知何故没有保存下来。

据碳十四年代测定，这两只木屐年代距今约5300年，是中国乃至世界上最早的木屐实物。

第六章

玉魂国魄

玉：良渚文化的精髓

从这一章开始，我们走进良渚人的精神世界。

如果要问：什么最能代表良渚文化？或者换个说法，一说到良渚，你首先想到的会是哪样东西？

相信所有的人都会毫不置疑地回答：是玉。

的确，那质地坚韧、造型奇特、花纹神秘的良渚古玉，俨然成了良渚文化舍此无他、说一不二的"形象代言人"。这些玉器不仅种类繁复，雕琢精美，更寓含了一言难尽、诡谲神秘的丰富内涵，令人惊叹不已，回味无穷。

良渚玉器，不仅仅只是用美石雕琢出来的方物，它所代表的玉礼器文化，更是中华民族优秀传统文化中的一股清流，从远古时代悠悠流淌至今，绵延不绝。

中国素有"东方玉国"之称。古玉发掘和收藏数量之多，年代之久远，工艺之精湛，都堪称世界之最。晶莹璀璨的玉器，是中华民族古代文明的象征之一，中国人的文化心理，包括"天人合一""致中和"的哲学理念，"温柔敦厚"、文质并重的美学观念，重气节、重操守的道

玉璜

德观念，都可以在玉的审美属性中找到与之对应的东西。

中国人用玉、爱玉、尊玉，自古皆然。到了春秋时期，儒家学者编著《礼记》，提出了"君子比德于玉"的说法，将玉的品性与君子的操守相比拟，有"言念君子，温其如玉"一说，故而"君子无故，玉不去身"。

这种深厚的"玉文化"如同一种奇特的基因，深深渗入民族的精神和心理之中，长长久久地传承下来，数千年来没有任何改变。

不知你有没有留心到，在方块汉字中，凡是用"玉"作为偏旁的，如珍、瑜、珠、瑾，无一不是美好圣洁之物；和玉字组合起来的名词，如玉人、玉女、玉貌、玉音，更是渗透着人的爱慕和敬崇之情。还有不少以玉组成的成语，如金玉良缘、金科玉律、珠圆玉润、冰清玉洁，寓意同样隽永美好。

千百年来，中国人给玉赋予了无数美好的意蕴，包含着"宁为玉碎"的爱国民族气节，"化干戈为玉帛"的团结友爱风尚，"润泽以温"的无私奉献品德，"瑕不掩瑜"的清正廉洁气魄。

毫不夸张地说，玉和中国民族的历史、政治、文化和艺术的产生和发展都有着密切关联，它影响着中华民族世世代代的观念和习俗，影响着中国历史各朝各代的典章制度，影响着一大批文人墨客以及他们笔下的辉煌巨作。

而如果我们要追溯中国"玉文化"的源头，良渚是绕不过去的一个站点。

虽然从考古发现来看，早在七八千年前，在广袤的中华大地上已经出现零星的玉的踪迹，良渚并不是最早出现玉的地方，但从历史发展的轨迹看，在中国玉文化发展史上，成就最高、内涵最丰富者，非良渚莫属。

在前面回顾良渚文化发现史的时候曾经提到，人们直到 20 世纪 70 年代才真正认识良渚玉器。但从种种迹象分析，可能早在我们难以想象的时期，良渚古玉已被世人发现。

2001 年，四川省的考古人员发掘成都金沙商代古蜀国遗址，结果出土了一件玉琮，共有 10 节，从外形和雕工看，几乎和良渚玉琮如出一辙。

成都离良渚有几千里之遥，金沙遗址的年代也比良渚晚了近 2000 年，这件玉琮是怎么传过去的，到现在也是个不解之谜。

金沙遗址出土玉琮

　　另外一个有趣的考古发现是在苏州。前些年，考古人员发掘苏州严山吴国墓，结果发现了6件玉璧和1件玉琮，都是良渚文化的遗物。耐人寻味的是，那些玉璧被当成了配饰，那件九节的玉琮则是被当成玉料剖成了两半。

　　这一事实说明了两点：一是早在2000多年前的春秋时代良渚玉器就有出土，再一点，当时的墓主人也并不认识良渚玉器的"身世"，只是把它们当成玉料来再利用罢了。

　　从那之后，良渚玉器似乎就淡出了世人的视野，一直到南宋时，不知因为什么机缘，良渚玉琮又"出山"了。

一个非常有说服力的例证是，南宋定都临安后，仿旧京之制，设立南宋官窑烧造御用的青瓷，其中有一种琮式瓷瓶，其外形和良渚玉琮酷似。而在浙江省博物馆收藏的南宋龙泉窑烧造的黑胎瓷器中，也有类似的琮式瓷瓶。

这就有理由让人们作出这样的揣测：南宋时良渚玉琮也曾出土过，而且成为人们喜爱的珍玩。否则，建都临安的南宋人如果没有见过良渚玉琮，单凭想象来设计和生产这类琮式瓷器恐怕是件不可能的事情。

根据野史笔记的记载，良渚玉器的再一次大量出土，是在清朝。清朝乾隆时期，余杭安溪一带冬天挖玉成风，几乎成了当地农民的一种副业。而到了清末民初之时，据说安溪一个姓洪的村民曾经一次性挖到好几担玉器，挑到上海去卖，还在上海古董市场引起了一场不小的轰动。

这也就好理解了，为什么故宫里会收藏了那么多良渚古玉器。因为乾隆皇帝喜好古物，当时被盗挖出土的良渚玉器有不少流入了清宫。有人作过统计，在今故宫博物院中仍藏有良渚玉器60件，其中光玉琮就有16件。

看得出来，乾隆皇帝对这些良渚古玉是真的喜爱，不但时不时地把玩珍赏，兴致一来，还给它们题写了不少御制诗。不过有意思的是，乾隆虽然素好风雅，但其实并不了解这些玉器的来历，结果闹了不少笑话。

有一件玉琮上刻着乾隆这位"万岁爷"题的诗，但按我们现在确认的玉琮上大下小的特征来辨认，可以发现乾隆的诗其实题反了。

　　还有，乾隆帝显然不明白玉琮在古代是干什么用的，他大概是从外形看，觉得它们像当时抬轿子时，套在横杆两端的"杠头"（也有个更文雅的叫法"辀头"），结果他就把它看成这个了，他那首御制诗的题目就叫《咏汉玉辀头》。

　　当然，我们也不好据此来取笑乾隆皇帝没有学问，这是时代的局限。即使清代好古成风，考据发达，但即便是当时最顶尖的学者，对古玉的认识，始终没有——也不可能逃出《周礼》这个框框。比如当时治金石学最有成就的学者吴大澂，在《古玉图考》这本书中收录了良渚玉琮、玉璧等重器，但却将它们定为"周汉之器"。

　　这种"周汉之器"的认识，代代相袭，几成铁案，而且一直影响到近现代的考古工作者。"良渚发现第一人"施昕更就在著作中写道，他的家乡"杭州第二区"（即良渚一带）"素以产汉玉闻名"，他在对良渚遗址的三次野外发掘中，其实已经在地层中发现了零星的玉璧和玉环等玉器，但他也不敢认为是史前之物。

寺墩玉璧

半圆形玉器

当时著名的考古学家卫聚贤,也在《吴越考古汇志》一书中记载了杭嘉湖地区在 20 世纪 30 年代曾有多次古玉出土的线索,如 1930 年苏嘉公路桥北端曾出土一批古玉,1937 年在嘉兴双桥发现玉璧 90 多件等。

依现在的考古学知识我们可以认定,这些古玉基本应该属于良渚文化。由此可见,在后来通过田野考古发现良渚遗址之前,良渚文化玉器其实早有出土。只是限于时代的认识,这些玉器一直被看作是"周汉之器",因而一次次失去了为其正本清源的机会。

但历史的迷雾终将拂去。从 20 世纪 70 年代开始，一代一代的考古工作者在对良渚遗址的持续发掘中，不仅发现了越来越多种类的良渚玉器，对良渚玉器的研究也日臻深入。

大量事实清晰地表明，玉器是良渚文化的象征和精髓所在，良渚王国的统治者和显贵阶层通过一整套标识身份的成组玉礼器及其背后的礼仪制度，达到对神权的控制，从而完成对王权、军权和财权的垄断。以大量玉礼器随葬的良渚文化大墓，集中体现了王者的高贵以及男女贵族的分工。良渚文化的玉礼器系统以及君权神授的统治理念，也被后世的中华文明加以吸收与发展。

皇皇大观

北京有句流行很广的歇后语："卢沟桥的狮子——数不清。"

说是当年乾隆皇帝经过卢沟桥，兴致勃勃地细数桥上石望柱上雕刻的石狮子，从桥东往桥西数是 408 只，反过来数却成了 439 只，再数又成了 451 只，把乾隆皇帝也彻底搞蒙了。这件事还写进了小学课本里，那篇《卢沟桥的狮子》课文你还记得不？

这未免有点太夸张了。卢沟桥上的狮子又不会跑，满打满算也就四五百只，哪里会数不清？

而要说到良渚的玉器，倒真的可以这样讲，一时半会儿还真数不清。

良渚玉器到底有多少？

据统计，全世界目前发现的良渚文化玉器有 18000 件左右，这都是收藏在官方机构或是公立博物馆中的，如果再加上民间收藏，应该超过 2 万件，甚至更多。用"皇皇大观"来形容良渚玉器的数量和种类，一点都不过分。

这些玉器中的大多数都是历史上出土并传世至今的，真正通过考古学者的手铲科学发掘出土的只有几千件，而其中最大的收获则来自于1986年和1987年，良渚反山王陵和瑶山大墓的惊世发现。

对玉器发现而言，反山、瑶山的发掘堪称划出了一个时代。反山出土1100余件（组），瑶山出土700余件（组），两地玉器出土总数不仅超过了以往良渚文化玉器发掘品的总和，而且带来了品种和纹饰方面的重大突破。

还不仅仅是数量的问题，良渚玉器的种类也很繁复，要想对这些玉器进行详细的分类，更是让人挠头。

为什么这样说？

反山、瑶山所出土的玉器，有许多器形为以往发掘或传世古玉所未见，一些至今仍是独一无二。能够在古籍中找到记载的器种，只有琮、璧、钺、璜、镯等寥寥数种。

换句话说，考古人员从地下挖掘出来的良渚玉器，有不少是之前谁都没有见过的新鲜事物，它们该叫什么，原先是作什么用的？考古人员都是一头雾水。

我们不妨先来看看考古报告中对这些玉器的定名吧：

玉琮、玉璧、玉钺、玉璜、玉环、玉镯、玉带钩、玉纺轮、玉镰、玉三叉形器、玉锥形器、玉柱形器、玉半圆形器、玉圆牌、玉冠状器、玉筒形器、玉管串、玉珠串、玉钺冠饰（瑁）、玉钺端饰（镦）、玉杖端饰、玉器座、玉器纽、玉柄形器、玉半瓣形饰、半球形隧孔玉珠、牙形玉饰、牙形玉坠饰、玉柄形器、玉匙、玉匕、玉耘田器、烟斗形双鼻孔玉饰、玉蛙、玉鸟、玉鱼、玉龟、玉蝉……

都还没有写完，就已经让你眼花缭乱了是不是？

"玉半圆形器""玉柱形器""玉三叉形器""玉柄形器"……从这些名称上就可得知，考古学家们一开始对这些种类繁复的玉器也有些一筹莫展，不得已只能采用了这样直白的叫法。

不过，经过长时间的研究，考古学者对这些玉器的种类和用途应该已是了解得差不离了。

首先，可以确定的是，良渚玉器从其存在形态来看，可以分为单体玉器和组合型玉器两种。而从野外出土的情况分析，除了玉琮、玉璧、玉镯等极少数玉器器种外，绝大多数的良渚玉器都是组合型玉器。

所谓组合型玉器，即除了器物主体之外，它还有若干件配件，组合成一件完整的器物。举个例子，在良渚大墓中出土的玉钺，除了钺体，还有两个配件，一是上端的冠饰，叫作"瑁"，一是下端的端饰，叫作"镦"。再加上木柄（已腐朽），这才是玉钺的完整形态。

其次，通过细致的研究，考古人员发现组合型的玉器，根据其组合方式的不同，又可以细分为贯穿件、缝缀件和镶嵌件三大类。

如何分辨它们，也很简单：一般来说，凡是有对钻孔的管和珠的，大部分是贯穿件（即可以用纤维系起来的，如玉珠）；像玉半圆形器这样背后有象鼻状隧孔的，则大都是缝缀件；那些镶嵌在竹木漆器上的则是镶嵌件（比如玉三叉形器，下有孔洞，显然可以镶插在别的材质的器物上）。

玉龟

玉蝉

玉鱼

这些组合型玉器有个显著的特点，大多成组出土，如玉半圆形器、玉月牙形饰、玉半瓣形饰、半球形或球形玉珠等。但也有例外，像玉牌饰明显是缝缀在衣物上使用，却往往单件出土。另外，像蛙、鸟、鱼、龟、蝉等动物形的圆雕玉器，并非是我们想象的玩具或摆设，它们其实也是良渚显贵者身上的佩饰，也都是单件出土。

良渚玉器的种类大致分清楚了，下面该探讨它们的功能了。

良渚先民千辛万苦地把玉石雕琢成种类这样繁复的器物形制，决不只是为了摆设，他们肯定在其中寄寓了人类的情感、观念和某种宗教情绪，从而创造出了这些"有意味的形式"。

先来说玉琮。

玉琮是迄今所见的良渚文化玉器中体积最大的一种，也是最具典型意义，最有代表性的良渚时期的器物形制。

从目前的考古发掘来看，玉琮首创于良渚文化。它的特征是外方内圆，中部贯穿，四角施刻有繁复的神人兽面纹。它有几个显著的特点：第一，体量最大，耗材最多；第二，几乎每个玉琮上都刻画有兽面纹（无一例外，只是繁简不同）；第三，玉琮只在高等级墓葬中出土；第四，拥有玉琮的墓主人，无一例外均为男性。

以上种种，无不隐隐透露了这样的信息：在良渚文化玉器中，玉琮是具有特殊意义的"重器"，享有至高无上的荣光。

关于玉琮的起源，说法很多，有象征地母女阴、男性祖先、织机部件以及起源于手镯等种种说法，但都没有十分令人信服的依据。大多数学者认为它是和某种神祇崇拜有关的礼器。在良渚文化之后，类似的器形逐渐减少。

因为玉琮的形制外方，而玉璧浑圆，所以后世有学者根据"天圆地方"的观念，提出了"苍璧礼天，黄琮祭地"的说法，这种说法在很长时间里都为人们所信服。不过现在看来，将玉琮只是视为祭地的礼器，显然是有些狭隘，太过想当然了。

玉琮只在高等级的墓中出现，它的拥有者身份十分显赫。在反山良渚王陵中，最大的一件玉琮（重达13千克）就出自 M12 良渚王墓中，它意味着什么还不清楚吗？

有考古学者就断称：玉琮在良渚时代，是神权的象征！

5000 年前的良渚人，拥有完整都城结构的良渚古城，有宫城、王城、外郭城和外围庞大的水利系统，构成了一幅东亚最早的王国图景。这些完全靠人力堆筑的超级国家工程，必然需要强有力的社会组织来保证它的运转，以及资源的调度、分配。

在远古时代，人们靠什么力量完成？这必然需要高度统一的精神信仰来支撑。

5000 年前，这一信仰便由神来赋予。而玉，就成了权力与信仰的化身。而玉琮这样的重器，毫无疑义就是神权的化身。

如果你仔细观察，会发现在林林总总的玉器中，玉琮是唯一一种器形向空中发展的，现存最高的琮分为 19 节，高达 49.2 厘米。这样的创意必定"颇有深意存焉"。

有什么"深意"？玉琮器形向空中发展，那是升天啊！是要和天神交流啊！

再来说说玉璧。

玉璧是良渚文化玉器中面积最大、发现频率很高的一种器形。

与玉琮相比，良渚玉璧的选材别具特色。玉琮多单一匀净，而玉璧则大多色彩斑斓。从工艺来看，不同的玉璧高下精粗也相去甚远。精者通体浑圆，平整明净，边廓规整，而一般的玉璧却不甚规整，常有厚薄不匀、周边不圆的情形。

与玉琮都雕琢有兽面纹不同，绝大多数的玉璧无论正反面全都光素，不事雕琢，并且经过打磨抛光，望去如同镜面一般光亮。这种对光泽的追求会不会与玉璧的内在功能有某种内在联系？

再一点不同，在良渚文化墓葬中，玉璧的出土数量远比玉琮要多。一个墓中玉琮至多出土两三件，而玉璧往往一出土就是几十件（反山 M23 出土 54 件），层层叠叠，蔚为壮观。

为什么要随葬这么多的玉璧？

我们可以尝试着根据后代的事实，倒过来推测一下。

公元前 221 年，千古一帝秦始皇统一中国，开始了"车同轨，书同文"等一系列的改革，其中一项重要的改革是统一货币。他把原先春秋战国时期五花八门的货币统一成了圆形方孔的铜钱。

从那以后，2000 多年来虽然朝代不断更迭，但圆形的硬币形制一直未变，直到今天，我们使用的辅币仍然是这个样子。

也不仅是中国，放眼世界，哪个国家的硬币不是这样的？

正因如此，人们普遍揣测，在良渚文化时期，随葬大量玉璧，是墓主人财富的象征。

应该说这样的猜测不无道理。对于财富与金钱的渴望，无论古今，即便在遥远的史前时代，恐怕也是如此。

接下来该说玉钺了。

在众多的玉器器形中，与战争和军事有关的器形只有一种，这就是玉钺。它的形制应该说脱胎于石斧，相比之下，石斧更具有实用性，而玉钺不仅用材高贵，而且磨制精细，没有任何使用痕迹，更像是一种艺术品。

以反山王陵 M12 出土的那件"玉钺王"为例，长达 17.9 厘米，刃部宽 16.8 厘米，手感滋润，晶莹夺目。更特别的是，它是一套由钺身、冠饰和尾饰三部件构成的完整组合，钺的刃部上角两面还雕琢有神人兽面纹，下角两面均有浅浮雕鸟纹。

这样豪华配置的玉钺，凸显了墓中持钺者的特殊身份。不要忘了，那件"玉琮王"也是在这个墓里出土的。

墓主人是谁？是大家公认的良渚王啊！

根据发掘时玉钺和相关玉质配件出土的位置测知，

这柄完整的玉钺长度应当在 60—80 厘米之间，持有玉钺的墓主人手握钺柄，钺身靠在肩上，玉瑵在其上端，一种威严的气势似乎扑面而来。

这不就是一个军事领袖手握仪仗，在宣示其生前拥有的军事权威吗！

写到这里，相信你已经明白了，玉琮、玉璧和玉钺，就是良渚文化玉器最重要的"三件套"。它们分别象征着神权、财权和军权，而一旦同时拥有了这些，这不是君临天下的王权又是什么呢？！

厘清了良渚玉器中最重要的这三样，再来看其他的玉器种类相对就简单多了。

它们绝大多数都是装饰之器，有用于装饰人身的，也有用于装饰棺木的。比如玉柱形器，就是一组三个放置在棺盖顶上的礼仪性装饰。还有少量的玉器则是工具，如玉织具、玉柄形器等，而且这些所谓的工具也已经并非实用器。

良渚显贵用于人身的装饰之器颇为复杂，除了最重要的头饰，还有项饰、胸饰、臂钏、带钩和各种形式的穿缀玉器。可以说从头到脚，无一处遗漏。

比如玉冠状器、玉三叉形器、玉半圆形器，大多出土在墓主人头部附近，应该就是成组的玉头饰，戴在头上，可以打扮成神的模样，营造出王权神授的氛围。即便在身后的世界里，也要用构建的信仰体系来规范后世子孙。

这里要重点介绍瑶山大墓里的一个发现。瑶山大墓是仅次于反山王陵的一个高等级墓地，考古人员判断这是另一个王的墓地。共有 13 座大墓，分南北两行，男性葬于南，女性葬于北。

其中在 C 位，考古人员发现了王的女人——良渚王后的墓葬：M11。良渚王后头戴玉饰，挂着由玉璜、成组圆牌等串成的玉器组佩，手戴玉镯，连象征女性身份的织具都是玉做的。

王后身上最贵重的一件玉器，就是玉璜加成组圆牌的组佩，这是显贵女性专有的，普通女子没法拥有。而且，王后拥有的成组圆牌数量最多，有 12 件。这套项链不仅组件多，穿缀很有设计感，也很复杂：两列圆牌系上大璜，再串一列圆牌，很像周代的组佩。今天很多走民族风的文艺女青年，也喜欢这种复古范呢！

王后戴的一个玉镯子也值得一说。这个玉镯被命名

玉串饰

为"绞丝纹镯",纹样即便今天看来,也极具现代感,如此"绞丝",在良渚仅此一件,为王后所独有。

在所有的装饰之器中,玉冠状器值得单独说说。

最初发现玉冠状器是在反山发掘之时。之所以这样命名,是因为它的造型跟玉琮上刻画的"神人兽面纹"中神人头上的羽冠颇为相似,它的底部有钻孔,可以插在某种器物之上。

叫了多年"玉冠状器",到了 1999 年,海盐周家浜遗址的一个发现,让考古人员恍然大悟,这类器物原来真实用途是这样的!

在周家浜遗址的 M30 中,出土了一把象牙做的梳子。出土时象牙梳近乎完整,共有六根梳齿,让人想不到的是,在象牙梳的背部,竟然嵌着一件大家早已熟知的"玉冠状器"。

玉冠状器

玉背象牙梳

原来如此！所谓的玉冠状器，其实是镶嵌在用有机质材质（比如象牙）制成的梳子脊背上的把手。它们的组合极其精巧，匠人们在梳子顶端先掏挖出凹槽，再在冠状器的底部凿出榫头，从而将其结合在一起。为了保证牢靠不致脱落，还往往在玉榫头上钻几个均衡分布的横向销钉孔，将其固定。

讲究啊！这种器物从此更名为"玉梳背"，算是还了它一个历史真相。

可能因为在史前时期象牙材质更加珍贵难觅，这种玉梳背数量极少，在一座墓中至多只有一件，均位于墓主人头部附近。

值得一提的是，良渚玉器在反映权力、身份、社会等级的内容中，还具有性别特征。比如男人身份高不高，就看你有没有三叉形器和成组锥形器。

玉三叉形器要与玉管配合使用，插在头部。

玉锥形器，一用就是一大把。无论贵族，还是普通人都要用，在良渚古城及其周边，甚为流行。成组玉锥形器通常以9、7、5、3这样的奇数成级，数量越多，等级越高。成组锥形器通常只见于男性高等级墓里，是显示男性权贵身份的特殊玉器。

在良渚玉器中，还有一些小型的动物雕件，如鸟、龟、鱼、蝉等。它们是做什么用的？是用来把玩的玩具吗？

不是的。它们其实也是良渚显贵者身上的装饰之器。你看啊，玉鸟、玉龟和玉蝉背面均有鼻状隧孔，显然是可以缝缀在衣物上的。玉鱼虽然没有鼻状隧孔，但有钻孔，按穿孔部位推测，可能是系缀件。

这些小动物雕件制作得都很精致。玉鸟呈扁平三角形，短尾，两翼舒展作振翅奋飞状。如倒过来看，犹如俯冲而下的青鸟。玉蝉以凹凸的弧线刻出眼、翼，对称和谐。玉鱼头微凸，平唇，单圆圈眼，造型生动。玉龟头颈前伸，四爪作爬行状，神态可掬。

这些小玉饰缝在衣物上，有人说相当于现代人用的胸针。虽然是玩笑话，但好像也有点道理。

不过更大的可能，是这些动物形象或许和原始崇拜的某种祥瑞功能有关。否则，天底下的动物多矣，怎么偏偏就选了这几样？

如切如磋　如琢如磨

　　了解了良渚玉器的种类和功能之后，一个有趣的问题跟着来了：良渚一带并不是产玉的地区，这么多的玉器，它们的材料是从哪里来的?

　　根据矿物学研究的结果，良渚文化玉器的材质为透闪石—阳起石系列。它们的特点是呈交织纤维显微结构，但其纤维结构大都接近平行，和目前中国其他地区已知闪石玉的典型显微结构明显有别，这就排除了良渚玉器的原料来自新疆和田或辽宁岫岩等著名玉石产地的可能。

　　更何况古代交通不便，良渚先人也不可能远涉千山万水到那样远的地方去采来玉料。因此考古人员分析，良渚玉器的玉料很有可能还是来自不远的地方。

　　根据古代文献记载，中国的东南地区在汉代以前颇以出产玉或美石而闻名。如《尚书·禹贡》讲九州贡物，地处东南"扬州"的贡物中就有"瑶、琨"，都是"石之美者"。同书中还记载周成王去世，周康王即位大典上陈列的各种贡物，其中就有"越玉五重"，即产自东南越地的美玉。

关于东南地区产玉的记载还见于《山海经》，说位于浙地的句余山、会稽山均"多金玉"，而天目山也有"浮玉之山"的怪名字。

凡此种种，似乎都在暗示着人们：良渚人的玉器材料，可能就是产于东南一带，离得不会太远。

考古工作者开始了艰难的寻找。终于，好消息在 20 世纪 80 年代末传来，他们在江苏溧阳的小梅岭发现了透闪石软玉的矿石。这一重大发现，不仅填补了环太湖流域软玉产地的空白，同时也为良渚玉料产地提供了可能的线索。

不过，虽说小梅岭闪石玉经过矿物学研究，的确跟部分良渚文化古玉标本相似，但目前仍无良渚人开采过小梅岭玉矿的证据。何况，良渚玉器所呈现的闪石玉繁杂丰富的外观性状，也显示出环太湖地区当时的玉料产地，不会仅局限在少数一两处矿源。

而近些年来一些出土有带制琢痕迹玉料的遗址的发现，则为探寻良渚文化玉料的产地提供了新的线索和研究思路。

从已经公布的发掘资料看，考古人员先后在余杭吴家埠、塘山、上口山，德清杨墩、中初鸣，桐乡新地里，江苏句容丁沙地等地陆续找到并发掘了一些良渚文化玉器作坊遗址。

在这些遗址中，不仅出土了一些玉器半成品和带有制琢痕迹的玉料，同时还发现了数量与种类颇为丰富的石质制玉工具。

人们同时也敏锐地意识到，这些制玉作坊遗址大多靠近山地，如余杭的塘山、吴家埠、上口山以及德清的杨墩四处，都集中在毗近天目山余脉大遮山山陵的台地上，江苏句容的丁沙地则毗近宁镇山脉。

与之相映照的一个有趣现象是，良渚时期，近山地区在出土玉器的数量上也明显占据优势。比如，余杭良渚遗址群内的中小墓葬内，也常有一定数量的玉器随葬，而相对处于平原少山的嘉兴地区的高等级大墓内，虽有玉礼器出土，但随葬玉器的数量却比较少。

这些现象，似乎反映出这样的事实：在史前时期，同样存在着"近水楼台先得月"的现象，即越靠近山，制玉地点越多。由此，我们有理由推测，良渚时期的玉料产地（玉矿），应当是分布在专业制玉作坊周遭的山体之中。

只不过，这样的玉矿我们目前还没有发现而已。考古学也是有局限性的，并不一定能穷尽所有问题的答案。我们只能寄希望于"地不爱宝"，不知什么时候，它就会给我们带来意外的惊喜。

除了玉料产地之谜，良渚玉器另一个大的谜团是，良渚人这样令人叹为观止的治玉奇迹，究竟是怎样创造出来的？

说到良渚人的治玉奇迹，这里举几个例子。

一件就是那件大名鼎鼎的"玉琮王"。它高有8.8厘米，射径达17.1—17.6厘米，重达13千克。这样薄大而平整、厚重且方正的玉料，即使在今天加工也非易事，良渚人究竟是怎样做到的？

再举个玉璧的例子。1982 年，江苏武进寺墩遗址中出土的一件，直径达 26.2 厘米，但厚度仅 1 厘米。要将如此硕大的玉料，切割成这般扁薄的形状，而且浑圆规整，简直不可思议！

对了，良渚玉琮上往往还琢刻有图纹，从技法上来看，既有阴刻，又有浮雕、透雕，更有多种技法并用者。琢纹一般宽 0.2—0.9 毫米，刻纹一般宽 0.1—0.2 毫米。在不到 1 毫米的宽度内，有时竟刻有四五条细线，细如游丝，还相当平整，真是鬼斧神工！

一想到这些，现代的人们没有理由不感到困惑：在既没有青铜，更没有钢铁的良渚文化时期，对硬度超过金属的玉料，良渚人是怎样进行加工，使之成为品类众多、纹饰繁细的精美玉器的呢？当时制作玉器的各种工具，至今几乎没有发现什么实物。

考古学者们展开了艰苦的研究。

一般而言，从玉璞到雕琢成玉器，一般均需要经过切割、钻孔、雕琢、抛光等几道工序，良渚玉器自然也不例外。

先说切割。将大块的玉料裁割成若干块待用，专业的说法叫"解料"，而将形状不规则的玉料初步加工成一定的造型，则称为"切坯"。

考古人员仔细观察了良渚玉器的成品、半成品以及一些带制琢痕迹玉料上遗留的琢玉痕迹，通过比对和研判，并通过一些实验，初步判断出了良渚人切割玉料的两种方法：一种叫锯切割，一种叫线切割。

所谓锯切割，是用一种片状的硬性物质（大多数也是石头）当成锯子，配上一些解玉砂（可增加摩擦力），在玉料上不停地来回磨削，最终将玉料切开。

而线切割则运用了"以柔克刚"的原理，用一些带有韧性的筋、弦、麻绳等柔性物质当作锯条，并以解玉砂和水作为加工工具和玉料之间的介质，通过持续不断的成千上万次的磋磨，最终达到目的。

玉材切割好了，有些器形还需要钻孔。这同样是考验人的耐心和技术的环节。

从遗址中出土的带有钻孔痕迹的玉器半成品和玉料来分析，考古学者普遍认为玉器上的圆孔是采用竹管或骨管加上解玉砂钻制成的。它有单面钻，也有双向对钻。当然，也不排除在竹管或骨管的前端嵌上一些硬度高而锋利的细小石刀刃片，这样可以提高钻孔的效率。

另外，有些孔细如针者，可能直接用高硬度的细尖石锥、石钻直接琢制或对钻而成。

细心的考古学者们还发现，良渚玉器上的钻孔形状还不太一致，有的呈光润的圆形，有的则呈椭圆形，有的近圆却不太规则。这或许反映了当时人钻孔时技术水平的差异。

水平最高的自然是那些钻出光润浑圆的孔眼的匠人了。能把孔钻得这样圆，很有可能是采用以弯弓拉动裹带解玉砂的桯钻来回转动钻琢的方法。

这种操作工艺颇似现在木匠沿用的扯钻形式，下端置钻头，杆轴缠绕细绳，一手执弓拉牵，在钻孔过程中，还需要不停地加解玉砂和水。

切割、钻孔完毕，接下来就要雕琢纹样了。

用什么工具来雕琢？

石器时代，还没有出现金属工具。即使有青铜及铸铁，其硬度也均低于玉石，岂能作用于其上？

因此，有一种看法十分在理，即认为玉器坚硬致密的特点决定了其加工工具与加工方法的特殊性。玉材固然硬，但肯定也有比它更硬的材质，这就是所谓"一物降一物"的道理。

其实，古人早就给了我们答案。《诗经·小雅·鹤鸣》中有一句："它山之石，可以攻玉。"

用来在玉材上雕琢的工具，是石头！

通过现代的实验证明，像石英石、金刚石、水晶石、玛瑙石、黑曜石、火燧石等，其硬度均超过玉石。而在考古发掘中，人们也的确在良渚文化遗址中发现了不少这类硬度极大的石质材料，印证了这一事实。

好了，工具有了，那怎样雕琢纹样呢？

答案还是从文献里找。《诗经·卫风·淇奥》中有这样一句："瞻彼淇奥，绿竹猗猗，有匪君子，如切如磋，如琢如磨。"

从这句诗中，还衍生了"切磋""琢磨"这两个极具生命力的词汇，使用至今，历久弥新。

古代还流传下这样一句至理名言："玉不琢，不成器。"

怎么样，明白了吧？

5000 年前的良渚人，就是用石头这样简陋的工具，以极大的耐心和毅力，日复一日，年复一年地在玉材上精细地碾琢雕刻，这才创造了我们现在看到的这样美不胜收的玉器世界！

当然，要完成一件完美的玉器，还有一个必不可少的工序——研磨抛光。

我们现在看到的良渚玉器，无论是方是圆，外形都很规整，表面光滑润泽，这是研磨抛光的功劳。良渚人用一些柔性的材料，如皮革、毛毡、布帛、树皮，对制作好的玉器进行细细的打磨，不仅将玉器表面残留的研磨擦痕减少到肉眼看不到的程度，而且通过抛光处理，最终获取玉器特有的温润光泽的质感。

解读"神人兽面纹"

在皇皇大观的良渚玉器当中，毫无疑问，玉琮是其中最耐人寻味的特殊角色。

那外方内圆的柱状造型，精美绝伦的琢刻纹样，诡谲神秘的特殊寓意，一直吸引着世人好奇的目光。

说良渚玉琮特殊，有几个充足的理由。

一是用材。在良渚时期，由于玉材珍贵，良渚人对玉料的使用近乎到了"苛刻"的程度，包括细小如米粒的边角零料都通过不同的组织方式得到几乎彻底的利用，唯独在制作玉琮时，不惜工本。

二是形制。如果仔细观察，会发现不论是发掘所见还是传世至今的良渚玉琮，绝无两件体形、花纹完全相同者。这一来可以说明因是单体制作，精雕细琢，故而玉琮呈现出各各不一的"面目"，反映出原始先民丰富的想象力和高超的造型能力；但同时也透露了这样的信息，即玉琮在良渚人心目中具有至高无上的地位，故而玉琮形制才会这样迥异于他器。

神人兽面纹

三是纹饰。良渚玉器尽管造型丰富多样，但大多光素无纹，纤细繁密的装饰纹样似乎是玉琮的"专利"，尤其是那众说不一、寓意神秘的"神人兽面纹"，更是仅见于反山王陵出土的"玉琮王"上。

这种雕琢精细、纹饰繁复的"神人兽面纹"几乎成了良渚玉器特有的标志性图案，跟我们现在说的LOGO功能差不多，甚至有学者直呼它是良渚人的"神徽"。

所以，我们应该多留点笔墨，来探讨一下良渚玉琮上的神人兽面纹。

事实上，在良渚文化考古史上，人们对良渚玉琮上纹饰的认识也经历了一个不断演进、不断深化的过程。

一开始，人们见到传世玉琮上刻画的凸棱和圆圈，多称之为几何形纹，说不清是什么含义。到了20世纪

70 年代，随着江苏苏州草鞋山、张陵山遗址玉器的出土，人们除了确认它们属于良渚文化之外，也开始对玉琮上的主体纹饰有所认识，觉得特征颇像某种动物的脸部，因此将其称为"兽面纹"。

之后，随着考古发掘的增多和研究的深入，人们又开始意识到，这些兽面纹也不是千篇一律，而是繁简有别，呈现的面目也不大一样，在造型和创作手法上，存在着象征与形象、简化与象形、简略与精细之差别。

一直到 20 世纪 80 年代，随着余杭良渚反山、瑶山两个显贵者大墓遗址的发掘，更多精美的良渚玉器呈现在世人面前，人们这才意识到，原来这兽面纹还有更高级的"版本"，除了兽面，还有人脸！

神人兽面纹横空出世。

我们先来看看最早的发掘报告中对神人兽面纹的描述：

"这种把头、面、四肢俱全的神人和二目圆睁、口露獠牙的兽面和谐地结为一体的神人兽面纹，堪称绝无仅有的艺术杰作。

"神徽上部为神人，下部为神兽。神人头戴巨大的介字形羽冠，倒梯形面部，平臂弯肘。神兽重圈大眼、阔鼻，下脚作蹲踞状，鸟形爪。形似插羽披茅的冠饰和兽面，用剔地浅浮雕表现，显示出神的无比威力；人形的肢和如鸟似蛙的趾爪，采用细微的阴刻线条处理，在若隐若现中表露出神秘的色彩。"

从字里行间，不难看出发掘者和研究者内心的激动与震撼。

发掘报告执笔者除了认定这是迄今为止兽面纹最完整的图形标本外，还作出了"它是崇拜物人格化的典型产物"的推断。

说起对玉琮上神人兽面纹这一图案的认识，还有一个有趣的小故事，一直在浙江的考古圈内被人津津乐道。

据说，躲在兽面背面的神人图案，还是在反山遗址发掘之后才无意发现的。

由于玉琮上浮雕的图案实在太小，在如同火柴盒这么大的一块面积内，雕满了花纹，那浮雕的羽冠和兽面周围阴刻的神人手臂以及下肢，极为纤细隐约，小得如同微雕，所以在野外发掘时，人们并没有看清它的真实面貌，还只当它们是像云雷纹一样的底纹。

野外工作结束后，反山大墓出土的玉器被送到考古所设在吴家埠的库房里做后期的整理。有一天，摄影师强超美在观察刚冲洗出的照片时，兴奋地发现了刻在浮雕图案周围的手臂纹饰，她惊奇地叫了出来，说："你们快来看哪，兽面的两边原来是两只手！"

考古人员赶紧放下手中的工作，跑到门口来看照片。他们很快看清了，那确实是两只手，大拇指向上跷起，仿佛正扶住那像面具一样的两只大眼睛。

看完照片，大家赶紧再去看玉器，在侧光下他们终于看清了刻在玉琮王竖槽中的"神徽"的真面目：原来在兽面上方，还骑着一个头戴羽冠的神人！

神人兽面纹就这样被发现了。这个半人半神半兽的图案，就像一张隐约的老照片，使考古人员对 5000 年前的良渚人仿佛有了依稀的认识。

据说从那以后，考古室负责人牟永抗常常借此考验一下前来看玉器的学者的眼力，结果竟无人能够过关，就连考古学家俞伟超也不例外。只要边上人不加以指点和说破，来者均发现不了神的真面目。

这种神秘的"神人兽面纹"几乎成了良渚玉器唯一的主题，是良渚玉器的灵魂。

这一神像图案，通常被精细雕刻在琮、钺等高等级玉器上，图案上部是头戴"介"字羽冠的神人，下部是有着圆圆的大眼、露出獠牙的猛兽面目，下肢蹲踞，还有飞禽的利爪。

那么，神人兽面纹的寓意何在？

可以肯定的是，它绝非一般的装饰纹样，而必定是积淀、包含有观念、想象的成分在内，融合了丰富的社会内容的"有意味的形式"。

在最初还只能辨识兽面纹的时候，有人认为这种兽面纹应是类似于图腾的良渚部落崇拜的族徽。

兽面纹中的兽面，显然属于某一种动物。有学者对其作了仔细的观察，觉得这种有着两只椭圆形的大眼，宽鼻阔嘴，中露獠牙的形象，很像是老虎头。

这么说，良渚人和云南彝族先民、美洲奥尔梅克人一样，也是一个崇拜老虎并将其视为神兽的氏族？而从太湖流域丘陵地古代多森林的地理环境和河姆渡遗址、上海马桥遗址出土虎牙的实例来看，当时这一带的确是有老虎生存的。

或许，神人加神兽的复合形象，就是良渚人心目中神的样子。你看，神人骑跨兽身，双手扶持兽头，边上还有飞鸟，表现的不正是神人正腾云驾雾攘臂作法那种风起云涌威风无边的形象吗？

说它是良渚人部族崇拜的"神徽"，是一种神圣的徽号，看来确是名副其实。

而且从良渚早期到晚期，神像的造型几乎不变，完全是程式化、标准化的复刻，这也是礼器和神秘主义表达的需要，更是信仰统一的象征。

有人甚至说，良渚文化玉琮及其"神徽"，可以视为良渚王国的标志符号。考古学者刘斌就认为，巫师们正是通过对玉琮的占有和控制，从而达到对神权的垄断。

让人惊讶的是，神徽这一统一信仰的覆盖范围，从良渚遗址核心区，一直延伸到整个环太湖地区。看来，王城中的良渚王野心勃勃，一直在向外扩张他的版图呢！

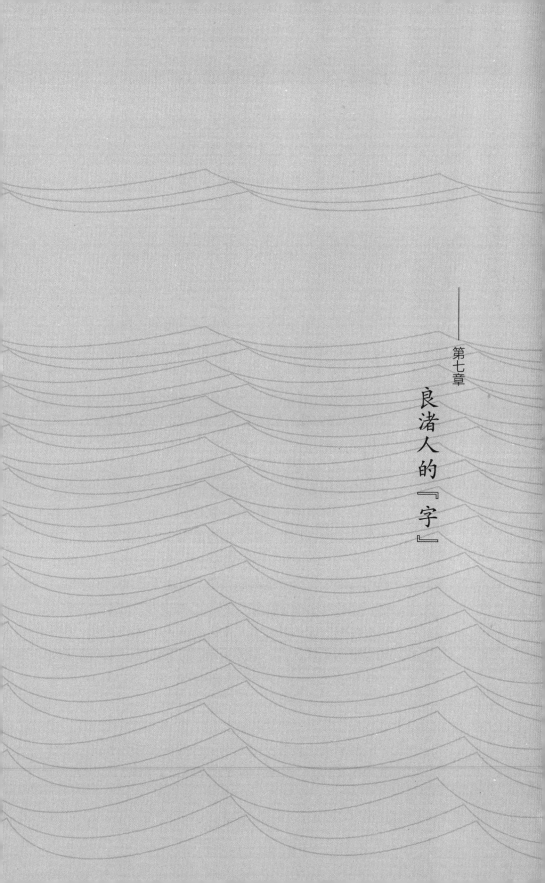

第七章

良渚人的『字』

良渚人有文字吗?

通过 80 余年一次又一次的考古发掘，良渚——一个 5000 年前先人创造的"王国"在世人面前徐徐呈现。

这不是一个普普通通的新石器时代史前文化，而是 5000 年前中国乃至环太平洋地区文明水平最高的一支文化。

在农耕方面，良渚出现了更早以前从未见到过的大型石犁、"石破土器"等石制农具。曾经一度成为良渚文化代表性器物的黑陶，造型美观大方，器形规整，胎质细腻，比晚出的印纹陶成熟得多。良渚已经有了丝绸、麻布和现代意义上的编织技术。良渚人已发明了漆器。还有那超大规模的营造工程基址，被誉为"土筑金字塔"，更是在同时期的其他文化中见所未见，闻所未闻。更不用说那些质地优良、造型生动、工艺精湛、文化蕴涵极为丰富的玉器了，简直堪称蒙昧时代的一抹最动人的光芒!

良渚文化既然已经达到了这样高的文明水准，人们禁不住要问了，在那个时代，出现文字了吗?

要知道，在过去对"文明"通常的理解里，除了金属工具和大型建筑，衡量文明的一个重要因素就是文字啊！

对这个问题，其实早在 80 多年前，良渚遗址刚被发现之时，就有人提出自己的见解和答案了：良渚人有文字。

1937 年，那个叫何天行的年轻人，在独身去良渚寻访搜集古物时，曾有一个重要的发现。他曾在良渚采集到一件椭圆形的黑陶盘，让他惊喜的是，在这个黑陶盘上，竟然刻画有在他看来是"象形文字"的东西！

据他描述，这件椭圆形的陶盘，底部略有残缺，猜测原物应该是一件陶豆。上面一共有 10 个刻画符号，他将它们作了细的分类，并拿甲骨文和金文来对照，发现竟然有 7 个符号跟甲骨文字同形，还有 3 个符号与金文也颇相似。

这令他简直欣喜若狂。在他后来写的《杭县良渚镇之石器与黑陶》一书中，他不无激动地写下了这样一段话：

"在南方发现有这样原始形制的图像文字，谓为考古学上的创见，亦无不可吧？"

的确，在传统的史学观念中，广袤的南方地区向来被视为文化落后的蛮夷之地，不承想竟然出现了以石器和黑陶为代表，丝毫不逊于黄河流域史前文化的新石器时代遗址，而且还可能出现原始的文字，这如何不让人感到惊喜和自豪！

何天行之所以有底气将这些刻画符号视为原始的象形文字，有他的理由。根据他的观察，这些刻画符号位于陶盘口缘的四周，并有锯齿形纹绘相联络，他据此判断这应该是"文字"而非绘画。另一个理由是，同时期在良渚出土的黑陶上，也发现了纯粹的刻画，与此有着鲜明的不同，因此他认为这"足证为文字无疑"。

当然，他同时也承认，这种文字显然还在初创时期，大约是从象形纹绘演进而来，但从这些象形文字的形体观察，他认为良渚黑陶器上的黑陶文字，不仅仅比春秋战国时越国铜器上的鸟篆书铭刻要早，更可能在甲骨文之先。

何天行的老师、著名的考古学家卫聚贤得知这一情况，也极为高兴，还特意写了《中国最古的文字已发现》一文在《东方杂志》上发表，文中称："黑陶上有刻文的文字，系何天行先生在杭县良渚发现的……黑陶文字虽不多……但为中国最古的文字，可以断言的。"

与何天行同时，施昕更在良渚所作的发掘中，也发现了一批陶片上的刻画符号。这些资料因是通过科学发掘得来，更加珍贵，这也是良渚文化刻画符号最早的一批考古资料。

施昕更在 1937 年发表的《远古文化遗址试掘简录》一文及次年《良渚——杭县第二区黑陶文化遗址初步报告》中，从"色""质""制""文"四个方面论述良渚黑陶，其中"文"——黑陶上的花纹，他将其分为五类：镂孔、刻画花纹、弦纹及压纹、印纹、记号文字。已注意到刻纹及记号文字，共收录符号 5 个。

施昕更同样也认为这些"记号文字"与"甲骨文早期文字接近"。不过有意思的是，他对何天行发现的黑陶盘的刻画符号却有点存疑，他在文章中曾委婉地写道：

"又曾见刻有类似象形文字之陶盘（何天行君购得），而详察之与花纹相去不远，是不是原始文字，尚有疑问，亦是值得注意的。"

另外，画家黄宾虹在多篇文章中也提及，曾有多次良渚文化陶文发现，惜均已散佚。

也许因为资料不多的缘故，80多年前关于良渚陶器上"原始文字"的话题并没有太引起世人的注意。尤其是随着后来良渚玉器的确认，世人的目光都转移到那上面去了，关于良渚时期是否有文字的话题再也无人提起。

几十年过去了。随着考古事业的迅猛发展，层出不穷的新发现不断涌现，"良渚文字"这个沉寂已久的话题似乎又慢慢冒了出来。

考古人员在良渚遗址出土物中，陆陆续续有了更多的刻画符号的发现。有的刻在石器上，有的刻在玉器上，当然更多的是刻在黑陶器上。据统计，迄今为止，良渚文化中共发现750多个刻画符号，可以细分为340多种类型。

这些符号中，有单个的符号，像花、鸟、龙虾、鳄鱼，也有类似咬了一口的苹果那样的刻画符号，样子形态各有不同。

考古专家们对656个符号作了分析，发现60%左右的符号都刻画在器物的底部，80%都是烧前刻画的，大部分符号在制作之前就已经完成了。

其中有一些符号，看起来还真的跟甲骨文挺像，比如"王""土""五"。在卞家山遗址出土的一件夹砂黑陶上的符号，看上去就跟甲骨文的"五"字酷似。

随着新材料的出现，人们禁不住又想问：良渚人真的有文字吗？

刻在陶器上的故事

5000 年前良渚人在石器、玉器、陶器上刻画下的这些符号，到底是文字还是绘画？他们究竟想表达什么意图呢？

5000 年前的良渚人没有办法回答我们，只有让我们自己开动脑筋来想了。

我们先从刻有符号的陶器说起吧，因为它们的数量最多。其实也很好理解，相对于坚硬的玉或石，质地较软的黑陶表面更容易刻画。

最先引起人们兴趣的，是 1974 年在江苏苏州澄湖遗址中发现的一件黑陶贯耳壶的刻画符号。

澄湖遗址位于苏州市东南边约 15 千米的地方，当时村民围湖造田，结果在湖底发现了一批古井。后来考古人员来了，经发掘确认这些水井属于良渚文化。

黑陶贯耳壶就是在其中一口水井中挖到的。它非常完整，口径 8.8 厘米，通高 12 厘米。在贯耳壶的腹部，刻有五个符号，排列成行。

排在第一个的是个八角星纹符号。据说这种识别性很高的符号，在良渚文化里目前只发现了两个，另一个在上海马桥遗址。

这个八角星纹符号有故事可以说。

从现有的考古资料看，时代最早的八角形图像出自湖南高庙遗址，时间距今约 7000 年，比良渚文化早了两千年。在高庙遗址出土的白陶器上就有一个标准的八角星纹。

澄湖良渚文化遗址出土陶壶上的八角星纹，难道是从湖南传来的吗？还是说，相隔有两千年之久的湖南高庙人和浙江良渚人，他们殊途同归、异曲同工？

谁也不知道。远古的历史里，有着太多不为人知的秘密。

包括八角星纹在内，此贯耳壶共有四个符号，颇有说法。

著名历史学家、古文字专家李学勤先生竟然把这四个符号释读出来了！这是四个字——"巫戌五偶"，意思是"巫神所用的五对钺"。

神不神？

同样在澄湖遗址，人们还采集到一件良渚文化的黑陶罐，口子已经残破了，但惊喜的是，罐身上一圈还刻有 5 个图案，仔细看，似乎都是不同的动物形象。有的像蛇，有的像鸟，还有一只，有着大眼睛和小胡须，鼻子像猪，样子还挺萌，有人说像猫。

澄湖陶罐刻纹

余杭南湖陶罐刻纹

难道是这个罐主人养的宠物？这些图案都是在陶罐烧之前刻的，用的是竹管，或者断掉的芦苇管，线条流畅，而且5个图案大小差不多，近似均等地布置，环绕器壁一周，留白合理，很明显之前已经设计好，不是即兴发挥。

在刻符发现比较早、出土数量更多的黄河流域，5个连续成组的符号也很罕见。正因如此，有学者就指出，这样精心"布局"的图案，会不会就是所谓的"表意性图画"，想表达装饰之外的某种含义？

让人更有兴趣的发现，则来自离良渚古城不远的余杭南湖遗址。

南湖遗址位于杭州余杭区余杭镇西南，原有大面积的湖面，后部分被改造成农田。1986年，村民在沼泽地挖沙，结果挖出了石器、陶器等文物，后被确认为良渚文化遗址。

南湖遗址中出土了一件黑陶罐，上面竟然刻有12个符号，差不多绕了肩腹部一圈！

之前的良渚黑陶上刻符，都只是零星的几个，余杭南湖的这个良渚人竟然一口气刻了12个，感觉像是一句话。有人开玩笑：难道良渚"文字"已经会"连词成句"了？

这些符号，有呈动物形象的、栅栏形象的、曲折纹形的、近似半椭圆形的，不一而足。其中一个，明显是一个动物形象。

著名古文字专家李学勤认为是"虎"，只是略瘦弱了点。他还读出了其中 8 个字："朱旗践石，网虎石封。"照他的解释，这个陶罐刻的符号还讲了一个生动的用网捕虎的史前打猎故事。你还别说，用布网的方法捉虎，还真在商代甲骨文中记载过。

不过，这也只是一家之言。因为我们是根据现在的阅读习惯从左往右读，谁知道良渚那个时候，良渚人是从左到右写字的，还是从右往左写字的呢？

历史给我们后人留下了一个有趣的谜团。

另外一件刻有"故事"的良渚黑陶器，是在国外。

这也是一件黑陶贯耳壶，据称是一个叫弗利尔·比勒芬格的美国人于 1940 年前后在杭州购得的，后藏于美国哈佛大学赛克勒博物馆。1978 年，美国在举办《中国陶瓷的起源》展览时，曾把这件刻有"文字"的黑陶壶展出，并编印了展览图录。

李学勤先生曾先后两次赴美国哈佛大学对这件黑陶贯耳壶仔细观察，并撰文介绍。该器足壁薄如蛋壳，且有破损，其圈足内壁上也有刻画符号。

这件黑陶壶上的刻符也引起了著名学者饶宗颐的注意。他在仔细观察了这些符号之后，也撰文表达了自己的主张。

饶宗颐觉得这些刻符"笔画清晰"，"细加寻绎，尚有文理可循"，因此他直接将其称为"良渚陶文"，并考释出了其中的九个字符："𠂤子人土宅㞷（厥）肱……育"。

这说的是什么意思呢？

注意到没有，这九个"字"中有一个是"肱"。饶先生说，这说的就是《山海经》里记载的"奇肱民"的故事！

《山海经·大荒西经》中曾记载有一个"奇肱国"，其人"一臂三目，有阴有阳，乘文马。有鸟焉，两头，赤黄色"。

把良渚黑陶的刻符跟《山海经》也联系上了，这个脑洞开得够大吧？

石钺和玉璧上的刻符

除了陶器，良渚人也在石器和玉器上刻符。

考古人员已经发现多件良渚时期的刻字石钺，比如庄桥坟遗址，在浙江平湖林埭镇，是目前良渚文化遗址中发现刻画符号最多的一处遗址，有 240 多个。

有一件石钺正反两面均有残存的刻画符号。A 面，6 个竖排的符号，呈"卜"和"日"的形状，两两重复，成为类似"日卜日卜日卜"的句子，像刻了一句话。

如果是符号，一般都是单个出现，而且画得很随意。但是这六个字符，明显进步得多，笔画、笔顺、构形都呈现出规范性。最重要的是，它在一件器物上重复出现，"连字成句"。

很明显，这些符号，已经具有某种语言的记录功能，比一个"钩"、一个"叉"的符号更为成熟。对于这些"句子"，如今，它有一个专门定义：有多个刻画符号组合排列在一起，具备文字的功能特征，可视为原始文字。

这些原始文字不同于其他刻画符号一个个零散孤立

平湖庄桥坟
刻纹石钺

地出现，而是"连字成句"，具有文字特有的表意功能。

再转到石钺的 B 面。

看到这个刻符，你或许会脱口而出：这不是"郑"字嘛！旁边还有一些凌乱的图画式符号，仔细看看，有点像鸟。

还真是有点像，而且，还是简体的"郑"。在 1955 年国家统一使用简化汉字之前，"郑"一直是写成"鄭"的。

当然了，"郑"只是我们的猜想。"郑"的左右两边隔得比较开，中间留的空间有点大，所以这个符号很可能是两个单独符号。

考古人员还在桐乡的小六旺遗址发现了一件石耘田器，也是两面都刻有刻画符号。A 面有 4 个刻符，B 面有 3 个刻符。如果仔细观察，你会发现其实两面的符号

良渚文化刻纹玉璧

都是对称的，差别只在 A 面比 B 面多了一个右上角的小圆圈符号。

这些符号有什么寓意呢？

那个重圈符号，很可能是代表太阳。边上有一只鸟。远处，好像还有一座山。

石耘田器是良渚人在从事农耕生产时用来锄草耕土的农具，莫非，这是哪个良渚人在从事农作之余，忽然来了闲情逸致，信手在农具上刻画下了当时他眼中的景色吗？

你想象一下啊，远山逶迤，太阳在天，有鸟在空中飞翔，这不是一幅很有诗情画意的农耕场景吗！

刻符在石纺轮上也有发现。1974 年考古人员在余杭大观山果园发现的一件，直径有 4.3 厘米，上面等距离刻

良渚玉璧上的"鸟
立高台"纹

有"*""Y"和"+"3 个符号。另一件 1977 年 12 月
出土于余杭小林茅山，直径 5.5 厘米，上刻"y"符号。

好家伙，现在电脑键盘上的符号，在良渚时也出现
了？

除了石器，在不少良渚玉器上也有刻纹，其中出现
最多的是刻纹玉璧。

在浙江省博物馆的史前陈列展厅中，展出有一块硕
大的良渚玉璧。和别的展品不同的是，在它的前面还特
意放置了一面放大镜。

这是干吗用的？

为的是让你清楚地看到玉璧上刻画的一个纹样：是一只鸟。

这纹样刻得太细了，如果没人提示你根本不会发现。即便有了放大镜，你也得在特定的角度才能看到。

其实，在玉器上刻有纹饰，是最先在国外收藏的良渚玉器中发现的。从研究报道来看，一件是法国吉美博物馆收藏的良渚玉琮，另外是美国弗利尔美术馆收藏的良渚玉璧，共有4件。

这些玉器都是清末民初时从上海流散国外的，其来源就是余杭良渚。

后来，考古人员在国内各大博物馆收藏的良渚玉器中也有了类似发现，如北京首都博物馆、中国国家博物馆、上海博物馆和台北故宫博物院收藏的分节式玉琮上，也发现了有类似的铭刻。

余杭区百亩山刻符玉璧

不过这些都是所谓的传世品。器物上的刻纹究竟是当时留下的，还是后来收藏的人补刻的，说不清楚。

随着考古工作的深入，考古人员陆续在上海福泉山、浙江余杭玉架山、江苏昆山少卿山灰坑和江苏兴化蒋庄等遗址中都发现了良渚刻纹玉璧，共有5块。

而1989年考古人员在余杭安溪百亩山采集到的一块刻纹良渚玉璧，虽然不是考古发掘出土，但因为离良渚遗址核心区很近，这块刻纹玉璧自然吸引了人们的关注目光。

这块玉璧直径26.2厘米，孔径4.2厘米，厚1.2厘米，体形硕大，外廓规整，两面打磨光滑，是典型的良渚文化玉璧。

玉璧上刻有一只鸟。更特别的是，这只鸟还站在一个高台上，高台上还刻了类似龟、蝎子的动物，考古学家起的名字很直白：鸟立高台。

考古学家分析，这个玉璧可能与祭天有关，可能是巫师和以鸟形象出现的天神之间交流的密码。

有意思的是，古埃及第一王朝时期法老的荷鲁斯名牌（荷鲁斯名是法老名字的一种，荷鲁斯是古埃及法老的守护神），和良渚的"鸟立高台"的造型酷似。你如果去法国卢浮宫，就能看到第四任法老杰特的名牌。居然如此巧合，它们的时代也都差不多同时。

这种"鸟立高台"的刻画符号在玉璧上出现过很多次，其中以美国弗利尔美术馆所藏玉璧上刻画得最为完整，除了鸟和高台，还有联珠纹、立杠纹和台内填刻的动物

百亩山刻符玉璧
刻符细部

纹样。

对鸟的崇拜，在新石器时代很普遍。距今 7000 年的宁波河姆渡遗址中，就出现了大量鸟纹或鸟形的文物，比如那件最有名的"双鸟朝阳纹牙雕"，现已成为浙江省博物馆的镇馆之宝，还曾经与金沙遗址出土的商代"四鸟绕日金箔"竞选中国文化遗产日标志。

人们分析，为什么史前人类对鸟会这样喜爱？可能有各种各样的原因猜想。其中重要的一条是鸟能够在空中飞翔，对于只能在平地行走的史前人类来说，自然会将它们视为能够与天神沟通的使者。

还有一个原因就比较现实了，无论是河姆渡人还是良渚人，都是以种植水稻为生的，到了秋末收获季节，大量飞来南方的候鸟会帮助他们吃掉稻田里的杂草和害虫。在史前先民朴素的思维里，这简直就是上天派来的田间好帮手啊！

是刻符还是文字?

良渚人在陶器、石器、玉器上刻画的这些符号,能够算是文字吗?

把它们视为原始文字,似乎也有一定的依据。从世界范围来看,一些著名的古老文明的文字,如古代埃及的圣书体、古代两河流域的楔形文字、古代中国的汉字、美洲玛雅人的象形文字,都起源于图绘。

从这个意义上讲,将良渚陶器上的这些刻画符号视为最初的文字,似乎也是顺理成章的事。

目前我们公认的中国最早的文字是商代的甲骨文,距今3300多年。但甲骨文字已经是比较成熟的文字体系,在它之前,应该还有一个起源和过渡的阶段。

文字作为人类文明的重要标志,它并不是一蹴而就的,必定有一个从单一的表意符号,向成熟的文字系统过渡的过程。

而5000年前的良渚人在器物上刻画的这些符号,有一些看上去显然跟甲骨文字非常相似,它又比甲骨文早

1000 多年，很容易让人把它和甲骨文联系起来。它们之间是不是有某种"血缘关系"，是不是中国文字的起源？

对于这个问题，著名古文字学家李学勤给出了乐观的答案。

他通过对良渚文物上大量刻画符号的分析研究，认为良渚刻画符号应该是原始文字。他曾经总结出良渚文化刻符的四个特点：

其一，这些符号仅见于一定器物，且刻在器物的特殊位置上。以玉器为例，带有符号的只有璧、琮两种，而以璧为主。刻在璧上的符号，绝大多数都在近边缘处。

其二，刻符已被广泛运用。除玉器外，也常在同期的陶器上找到类似符号。如可释为"炅"字的符号，亦见余杭南湖出土的黑陶豆；可释为"封"字的符号，也见南湖出土的黑陶罐；可释为"火"字的符号，又见上海青浦西漾淀出土的黑陶罐。

其三，有些符号与大汶口文化陶器符号近似。在良渚玉器上找到的 14 个符号，有半数跟山东大汶口文化陶器符号相似甚至相同。两地拥有共同的符号绝非偶然现象。

其四，有些符号的结构和商周文字，特别是商代的族氏铭文接近。商代族氏铭文形象古朴，更多地保存着原始文字的形态，而良渚玉器符号恰与之相类。

综上种种，李学勤先生认为良渚时期已经有了文字的萌芽。

不过，关于这个问题，学术界也存在不同的看法。

有专家就认为，虽然说刻画符号对夏商周文化也产生了一定的影响，但它们是不是汉字系统的源头，还很难说。南京博物院的考古专家林留根就持这种观点。

他举了仰韶文化、大汶口文化的例子，在上述的遗址中，也发现过大量刻画符号，而且它们比良渚文化更早，从地域上看，它们与中原文明的起源也更紧密，但那些刻符其实也与甲骨文形体联系不大。

古文字专家曹锦炎则认为，不能简单地和甲骨文比，甲骨文是和现在的汉字系统一脉相承的，一些良渚刻画符号看起来像甲骨文，但它只是良渚时期的原始文字。文字，不同于汉字。

也有人认为，刻画符号一步步发展成原始文字，或许慢慢进化成了甲骨文。但复旦大学高蒙河认为，它们可能属于两条不同的家庭谱系，各有各的成长源流和脉络。

比如，在平湖庄桥坟遗址之外，考古界曾在山东龙山文化的丁公遗址，以及江苏龙虬庄遗址，都发现过原始文字。这些文字就明显和甲骨文缺少直接的源流关系。甲骨文是直线条刻画出来的块状文字，而丁公遗址等地发现的原始文字，不少是呈曲线笔画的，一团一团的，这种文字再发展，也不太可能成为甲骨文。

良渚博物院专家夏勇提出一种观点，虽说汉字的源头可以追溯到甲骨文，但甲骨文的源头在哪里？其实有一些很零星的线头。比如天干地支中的"酉"，有人认为就是对小口尖底瓶的摹写。这些线头所在的主体随着

人群发展到后来，就消亡了，只留下一点碎片被中原所
吸收。

这也就是说，中国文字可能是多地区、多起源的，
不同的支流一点点统一起来，有的消失了，有的变成了
死文字，有的成了甲骨文。

中国文字的起源，至少从目前已有考古发现看，不
能用单一起源说，而应该实事求是地展现多元说。

对良渚文物刻画符号的研究仍在继续。可以肯定的
是，5000 年前的良渚人在陶器、石器或玉器上刻下这些
图案或符号，一定携带着它们特有的意义。

它们可能已经具有了某种记录语言的功能，有表意
的意思在里面，能记载一件事情，像甲骨文一样，比如
天气、打猎、征伐。但目前，我们还无法精确解读其中
的意思。

有一个问题或许是大家感兴趣的：是谁在当时刻画
了这些符号？

陶器上的符号，大多是烧前就刻好的，符号也比较
简单，有的就像信手涂鸦。有人猜可能是陶工刻的，但
也有可能是器物的拥有者。

陶工在劳作之余，信手在陶器上刻下这些图案。这
是他们生活情趣的真实写照，是对日常生活的某种表达，
或记事，或吐槽，或抒情。

但那些在玉器上刻下比较复杂的符号图案，以及在
陶器上刻下类似原始文字的人，则应该具备一定的文化

水平，一定是个脑力劳动者，与刻画一般符号的普通工匠迥然不同。

　　这一事实也充分说明，早在 5000 年前的良渚文化时期，已经有了明显的社会分工，产生了劳心者与劳力者的分野。

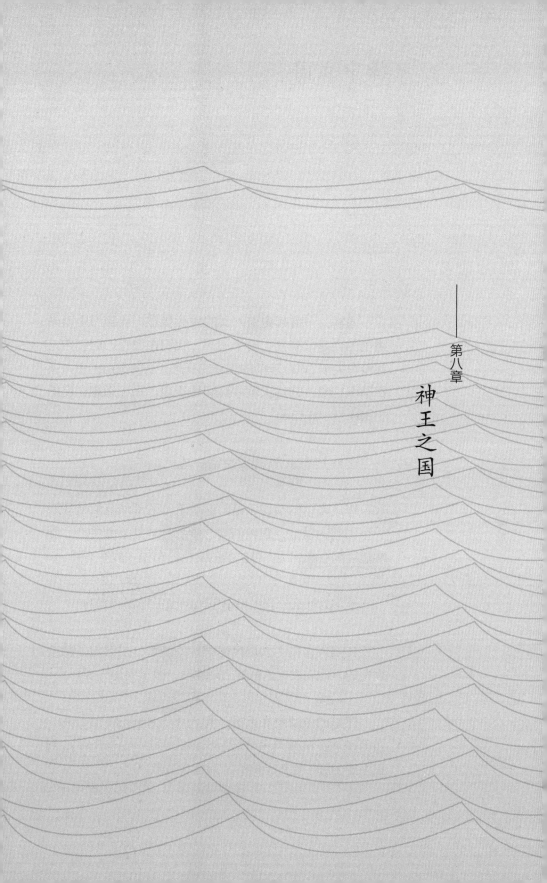

第八章

神王之国

择中立国

通常，一提起史前人类的生活状态，从脑海里首先跳出的会是"聚落"这个词语。我们在很长的时间内，都没有关于5000年前的国家的概念，认为史前的古人还在结绳记事、刀耕火种中缓缓地走着，却不承想，良渚王国早已一跃而起。

这个王国的都城就是良渚古城。

但让人感到惊讶的是，这个王国的都城竟然偏居于一个山间的盆地，跟我们观念中那种地处平原中心、影响范围同心圆式地向外扩展的文化分布模式截然不同。

这是为什么？当时良渚王国的国王是怎么想的？

其实人，良渚人选择这里作为国都，是经过了精心勘察的，他们依据这里的山川地理，做了周密的规划。

建城的位置定在大雄山和大遮山之间的中心位置，西面是现在杭州市余杭区瓶窑镇的窑山，从城的中心到三面的山脚下是等距离的，都是3千米。

整座城的北、西、南三面都是山，东苕溪和良渚港就在附近，都城依山傍水。良渚人能比较便利地从山上获得木材、石材，同时，地处广阔的河网平原，稻作捕鱼、水路交通也很方便。

把城建在两山之间，正好体现了"古之王者，择天下之中而立国"的思想。

而在古城的西北方向，又建造了目前所知世界上最早的大型水利工程，可以调控山间的水资源，满足防洪、运输、灌溉的需要。

既有丰富的资源，又有便利的交通，还有安全的保障。还有比这更合适的都城位置吗？

你不得不承认，5000 年前的良渚人真是太聪明了，他们是当之无愧的史前"城市规划师"。

良渚人的"三重城"结构也很巧妙。最中心是宫城，地势最高，王和王后住在宫殿区内，居高临下，俯视臣民。内城有粮仓、祭坛、墓陵、手工业作坊，居住着身份地位较高的贵族、巫师以及手艺匠人。外郭城则是平民聚落，日出而作，日落而息，源源不断地为城内的上等人提供稻米等生活物资。

良渚王住的宫殿咋样？

在王城的中心位置，良渚人堆筑起一座十几米的高台，作为宫殿的地基，就是现在所称的"莫角山"。整个高台东西长 670 米，南北宽 450 米，高 12—16 米，有 200 多万立方米的土。

考古人员发现，这十几米的高台土层之间并没有间歇停留的痕变。这说明，这"山"是在短时间内堆筑起来的。

5000 年前，良渚国王就是站在这个十多米的高台上，俯瞰全城。他的心里一定很自豪吧！

在宫殿之间，良渚人还用沙土铺成了 7 万平方米的广场。沙土广场的具体性质虽尚不明，但通过周围房屋的排布来看，广场中心非常宽阔，表面又为沙质夯土所覆盖，在多雨的南方并不会太过泥泞，非常适合举行一些大型的礼仪性活动。

莫非，这是良渚王举行祭祀盛典或阅兵的地方？

在四边城墙围成的内城中，河道蜿蜒，河边集聚着各种手工业作坊，有做石器的，有做玉器的，有做木器的，有做陶器的，还有做骨器和漆器的……一派百业兴旺的景象。

城内分布着好几处储藏稻米的粮仓，足以应对每日的粮米需求。但可惜有两处因为不慎被火烧了。看来粮食仓储的安全问题，一刻也不能松懈呀！

对了，还有祭坛和墓陵。祭坛用于祭祀天地鬼神，同时也可以测量方位。墓陵也设在城内不远处，既方便扫墓拜祭，也是特权身份的象征。

种种迹象显示，5000 年前的良渚王国，已经是一个等级森严的阶级社会，贵族与平民的分野十分清晰。

最直观鲜明的反映就是在墓葬上。

考古人员根据考古发掘的实际和考古学研究，将良渚墓葬分成了大、中、小型三个等级。评定这些墓葬等级差异的元素，一是墓葬选址，二是规模大小，三是墓中随葬品的多寡及品类。

反山、瑶山、汇观山等高台墓地都围绕着莫角山这座礼仪性建筑：反山王陵在莫角山西北，两地仅相距数百米；瑶山墓地在莫角山东北，两地相距约 5 千米；汇观山在莫角山西约 2 千米处。它们都是莫角山遗址的组成部分。

良渚大墓大都堆筑有高台，规模较大，墓中随葬有大量玉器。大型墓的主人都属良渚社会的上层，是凌驾于部落一般成员之上的特殊显贵者阶层。

这些大型墓的墓坑大而深，一般长约 3 米，宽约 2 米，深约 1 米，有一重或两重的棺椁葬具，有的甚至出现了人牲的陪葬现象。

从随葬品来看，良渚大墓都以玉器为主。反山王陵 11 座墓出土玉器 1100 多件，而陶器和石器加起来不足百件。瑶山墓地共出土玉器 700 余件，石器和陶器合计也只有 60 余件。

中型墓主要埋在人工堆筑的专门墓地或小型祭祀土台上，墓坑一般长 1.5—3 米、宽 1 米左右。随葬品数量大为减少，虽然也有玉器随葬，但却不见琮、璧、钺等玉礼器，而陶器和石器的比例却明显增加。

从中型墓中还随葬石犁等生产工具来看，墓主人明显不同于第一等级的统领集团，在具有一定社会地位的同时，仍不脱离生产劳动。

小型墓发现的数量最多，多葬于房屋居址附近。墓坑一般浅而小，长度一般在 2 米左右，宽在 1 米以下。随葬品大多不足十件，主要为鼎、豆、罐、壶等陶器，以及石钺、石镰、"耘田器"、石锛等生产工具，偶有管、珠、坠等小件玉器随葬。

小型墓应是良渚社会中平民阶层的归宿，他们是社会财富的创造者，也是被显贵者阶层盘剥的对象。

除以上三类墓葬外，良渚文化中还有一些既无墓坑又无随葬品，葬式、头向不一，甚至身首异处的丛葬墓。这些非正常死亡的人，很可能是部族战争中的俘虏。

百工云集

考古发掘已经探明，良渚古城是座水城。城内河道纵横，城外东、北、西三面都有几百米宽的水面，就跟水泊梁山一样。

城内最高处是王所居的宫城，比宫城略低一点的台地上，则是贵族的生活区。那么，平民住在哪儿呢？

2016 年，考古人员发掘古城内的钟家港河道，揭晓了这个答案。

在钟家港河道内，考古人员陆续挖出了不少石器、骨器、漆木器的半成品和加工工具，由此可以确定，这里是手工业作坊集聚区。

这是良渚古城内首次发现手工业作坊区。考古专家推测，良渚古城核心区除宫殿区、王陵和贵族墓葬区外，主要应该是手工业作坊区。这里曾经百工云集，这些工匠中，至少有一部分是高端手工业生产者。

从考古发现来看，良渚文化在诸多手工业生产门类，都取得了令人叹为观止的成就，尤其在玉石器、黑陶器、漆木器和丝织等方面，所取得的艺术成就更是同时期举世无双。

在 5000 年前，社会分工程度就如此之高，这再次证明良渚古城已经真正达到了现代意义上的城乡差别，也是早期国家的标志之一。

在钟家港河道的北侧，考古人员意外地发现了许多石器的毛坯，包括石刀、石锄、石钺等。这些毛坯已基本打制成形，尚待进一步的磨制加工。

在东岩台地，考古人员又发现了不少燧石石片、带有切割痕的玉料、玉钻芯等遗物。显而易见，这里是一个加工玉器的作坊。由于燧石的硬度比玉高，燧石钻头应该就是刻画玉器的工具。而那块带有切割痕的玉料则表明，它原本应当是被选用于制作玉锥形器这类条形玉器的。

除了玉器、石器之外，有赖于河道内细密的淤土对空气的隔绝，一些有机质的遗物和半成品、坯料等（主要是木器、漆器和骨角器）也得以保存下来，其中，大木作用料的发现最令人震惊。

其中一组巨型木构件共 3 根，两根是由整木对半剖开的，另一根则保留原木形状，其南端为根部，尚未平整。为了搬运的需要，木料上留有一些牛鼻形的抓手。最长的一根竟达到 17 米。

在莫角山宫殿起筑时期，钟家港河道几乎呈南北通航的直线，这样最有利于木料顺水而下，被带到需要使用它的地方，而后再进行加工。这就使人不由得联想，这些木构件与宫殿建筑是不是有关联？

　　小木作的加工作坊也在离河不远的岸边。考古人员在钟家港中发现了一些木盆毛坯，有单个圆饼状的，也有两个连体的。通过与出土的成品木盆对比，这些木盆很有可能是要髹漆的。

　　事实上，在良渚人的手工业中，木器业是非常重要的一个门类。从考古发现来看，良渚文化的木作涉及建筑、水井、葬具、舟楫、工具、生活用器等多个方面。

　　尤其是近年发掘的余杭卞家山遗址，木质遗存已占出土遗物中的相当比重，不但发现了大批排列有序的木桩，出土了木屐、木槌、木锸、木桨、木手柄、木器盖、木球、木陀螺等众多木器，甚至还发现了榫卯结构相当复杂的木构件。

　　你没有看错，是木陀螺，我们小时候经常玩的玩具，在良渚时期已经出现了。庙前、茅庵里、卞家山，好几

卞家山出土木陀螺

个遗址里都有出土，而卞家山遗址一处就出土 20 个。

这些陀螺大小各异，有的背部有一圈或两圈凹旋纹，直径 2.5—6 厘米不等，形体造型与现代的陀螺非常相近。

生活在 5000 年前的良渚人家的小孩子，也是要玩玩具的啊！

良渚人的漆器也值得一说。

漆器在中国起源甚早，7000 年前的河姆渡遗址中就出土了一件残破的红漆木碗，被视为中国最早的漆器。发展到良渚文化，漆器技术更有了长足发展，不但有木胎漆器，还出现了陶胎漆器。

陶胎漆器，是在陶器表面髹漆绘画而制成的漆器。最早的陶胎漆器发现于吴江梅堰遗址，被称为"漆衣陶"。到良渚时期，除了"漆衣陶"，还出现了真正以调了色的漆液在陶胎上绘画纹饰的漆绘陶器，色有红、黄二色，器形有双鼻壶、壶、罐与豆等。

良渚文化的木胎漆器较陶胎漆器更为发达，卞家山遗址出土了一大批保存完好的漆器，数量之多，种类之丰富，保存之完好，为世所罕见。

其中一件椭圆形漆盘虽然残破，但华丽的漆彩仍然鲜艳夺目。另一件漆器盖，在深红色的漆底子上，用红漆线条勾勒出变形鸟纹，局部填以黑漆，漆绘纹饰之流畅，髹漆技术之成熟，竟使人难以相信为新石器时代的漆器。

还有多件觚形漆杯，不仅造型与商周时期的青铜觚非常相似，而且个别漆杯上的写意纹饰，其流畅程度竟丝毫不逊于战国与汉代高峰时期的漆器。

再来看良渚人的竹编业。

竹编可以说是中国人的最早发明，在江浙地区距今七八千年前的新石器时代遗址中就有竹编遗迹发现。

竹编的技艺发展与传承到良渚文化，已日臻娴熟，庙前、卞家山、茅庵里等多处遗址，都先后出土过为数不少的竹编物与苇编物，可看出器形的有捕鱼用的"倒梢"，坐卧或建筑上用的竹席，以及篓、篮、筐、谷箩、簸箕、箅等等，竹编物几乎已成为良渚人生产和生活中不可或缺的必备器具。

漆器镶嵌工艺的出现，从另一角度反映出良渚文化髹漆技术的高明。所谓漆器镶嵌，一般指以各种玉石片、金银等金属片以及蚌壳等云母片，通过磨、堆、镂、粘等工艺，镶嵌到漆器表面作为装饰的一种工艺。

反山 12 号墓出土的嵌玉漆杯，整体可能为一形体瘦长的宽把杯，鼓腹，可能有圈足。这是中国迄今已知最早的嵌玉漆器。那艳丽的朱红色漆器表面，镶嵌上碧绿莹润的玉粒玉片，如锦上添花，富丽典雅。

骨角牙器是指以禽、兽或鱼的骨、角、牙制成的器物，在新石器时代，骨角牙器的利用广泛，在我国新石器时代各区系类型考古学文化中，几乎都有骨角牙器出土。

在良渚文化中，由于质硬锋利的石器作用越来越凸现，作为工具使用的骨角牙器相对而言数量并不算多，经粗略统计，器形只有镞、锥、靴形器、匕、刀、端饰、梳子、镯、指环、野猪獠牙头饰或项饰等 10 多种，器形种类较之河姆渡文化已有明显减少。

不过，虽然种类不多，器形也趋于简单，但在制作工艺和华丽程度上，良渚的骨角牙器却大大地超越了之前的河姆渡文化和马家浜文化。海盐周家浜遗址出土的"玉背象牙梳"就不用说了，另一件登峰造极的作品来自上海福泉山。

这是一件残缺的象牙雕刻器，残长 25.4 厘米，最宽处 7.2 厘米，用一段剖开的象牙精雕细刻而成。正反面都细刻繁复的兽面纹饰，兽面的眼、嘴、鼻与獠牙清晰可辨，极其生动。

实证文明的圣地

自 1936 年被发现开始，对良渚遗址的发掘持续了 80 余年，而且还在持续。在中国现代考古史上，这是不多见的案例，与之可以媲美的只有河南安阳的殷墟。

无数中国史前考古学的前辈，一次又一次地来到良渚遗址发掘现场观摩考察，苏秉琦、张忠培、俞伟超、严文明……这些都是考古界泰斗级的人物啊，良渚的发现让他们一次次地惊叹。

良渚，究竟有什么样的魅力，会让这些考古学泰斗们这样念兹在兹，时时牵挂？

良渚，早已不仅仅是一个普通的考古遗址，也不是一种普通的考古学文化。它的意义早已超越考古学的狭隘范畴，而进入了探索中华文明起源与诞生的领域。

上下五千年，我们小时候都上过这堂历史课。司马迁在《史记》中把黄帝列为《五帝本纪》之首，作为古史的开端，于是就有了 5000 年的说法。

但是，中华 5000 年文明的依据到底是什么？

根据我国传统历史文献，中国的文明都以统一的夏王朝作为开始。根据夏商周断代工程，夏代开始的年代被暂定为公元前 2070 年。

但是，由于处于晚商阶段的河南安阳殷墟发现了大量青铜器以及铭刻有文字的甲骨等遗物，因此，国际学术界一般都认为中华文明仅始于殷商时期，距今 3300 多年。

随着中华文明探源脚步的迈进，人们发现，中华文明诞生之初，中华大地上，就已经形成了许多强势的文化，不少已进入文明阶段，小"国"林立，群星璀璨，犹如"满天星斗"。

但是这一时期，面貌统一的中华文明还没有形成，我们可以称之为区域文明时代。

中华文明是以黄河流域和长江流域为中心形成了一个大的文明体，是多个区域文明逐步融合的产物。比如较早的庙底沟文化、凌家滩文化、红山文化，稍晚的距今 5000 年前后的良渚文化、屈家岭文化、大汶口文化，更晚的龙山文化、石家河文化、煤山文化、齐家文化、陶寺文化等。

在距今 5000 年同时期的区域文明中，良渚文明的发育程度最高。良渚可以说是满天星斗中最耀眼的那一颗。

2019 年 7 月，从阿塞拜疆首都巴库传来喜讯，在联合国教科组织第 43 届世界遗产大会上，良渚古城遗址顺利入选《世界遗产名录》。

在灿若繁星的中国史前遗址中，良渚是唯一一个入选世界遗产者!

国际古迹遗址理事会对良渚古城遗址的评价是:

"良渚古城遗址作为良渚文化的权力和信仰中心,为新石器时代晚期和青铜时代早期中国及区域文化认同、社会政治组织和社会文化发展提供了独一无二的证据。"

"良渚古城遗址代表了五千多年前中国史前稻作文化的伟大成就,也是早期城市文明的杰出典范。"

良渚的中心在良渚古城遗址,那是东亚最早具有早期国家形态的都城。规模宏大的古城、功能复杂的水利系统、等级分明的墓地(含祭坛)等一系列相关遗址,尤其是具有权力和信仰象征的玉器,还有"神徽"所统摄的精神信仰,都在回应一个声音——良渚是实证中华5000年文明史的圣地,它足以与其他世界古老文明比肩。

5000年前,也正是古埃及文明、苏美尔文明、哈拉帕文明开始出现的年代,它们所处的尼罗河流域、两河流域及印度河流域,也同在北纬30度左右。

良渚文明有哪些特点?

从1936年至今,良渚文化的发现和研究历史已走过80多年。考古学者们揭示了良渚文明的特点和内涵,可以归纳为稻作文明、玉器文明、土筑文明、水利文明、城市文明、宗教文明等。

先说稻作。良渚文化建立在稻作农业基础之上,从出土遗物和遗迹看,石犁、破土器、石刀(耘田器)、石镰等成套的农具,余杭茅山遗址成片的水稻田遗迹,都是良渚先民成熟而规模化稻作农业的鲜活例证。莫角山宫殿区出土的数以万斤计的炭化米，既是宫城粮食储备的一个缩影，也是稻作农业发达的见证。

稻米是人类主要的粮食之一，据统计，全球以稻米为主食的人口有 20 多亿。良渚文化的稻作生产水平在中国新石器时代乃至世界范围的同时期文化中，都具有先进性和代表性，因此是一项突出的文明成就。

再说水利。良渚古城地处湿地环境，虽然拥有依山傍水的半封闭地理格局，但水患较为严重，如不经过人工干预和控制，人类无法在此安居。良渚先民利用自然山体，人工加筑土坝而形成上下两重坝体，是人类改造自然的一个壮举。

根据测年计算，良渚古城外的水利系统出现于距今 5000 年前后，是中国最早的大型水利设施，也是世界最早的防洪水坝遗址，其规模堪称同时期世界之最。这一水利设施在规划选址、工程技术、防洪导航、交通运输等方面都具有划时代的意义。

良渚也是土筑的文明。在湿地环境下要形成大规模的人居环境，建造台地是最有效的途径。良渚人按照自己的意愿规划并重塑了地形，将河道挖深，将湿地堆高，除了水网和湖面，几乎都是土筑台地。双重的水坝、宽大的城墙、高耸的祭坛、隆起的王陵和贵族墓地……构成了无数大大小小、高低不一的高丘和台地。

相比于西方的石质建筑，良渚无疑是东方土筑文明的一个典范。

良渚古城是土筑文明结出的硕果，也是中国古代都城建筑的最早案例。良渚地区的大部分土建工程，都是都城架构的一部分。与普通的防护性城址不同，良渚古城的布局、结构和规模都显示了早期国家形态的都城气象。

良渚玉器在中国玉文化中占据重要地位。其主要特征是器类丰富、造型抽象、工艺高超、形纹结合、功能各异、自成系列。从制造技艺上说，它的规范化和精致程度出类拔萃，足以成为良渚手工业的杰出代表。就功能而言，它是宗教信仰和礼仪制度的物化工具，在精神领域代表着无上的荣耀和尊严。

良渚玉器是物质与精神高度契合的产物，它与宗教和礼制的完美结合，开创了"藏礼于器"的文化传统，这一传统连接了新石器文明与青铜文明，是东方价值观的生动体现。

良渚文明中的宗教元素也无法忽略。良渚玉器上的纹饰告诉我们，良渚社会膜拜一个"神人兽面"模样的神。这个半人半兽的神灵形象通常出现在高等级的玉器上，有很多艺术化的表现形式，或完整或局部，或繁密或简洁，但都离不开"人"或"兽"这两个基本元素。

"人"是祖先崇拜或英雄崇拜的孑遗，"兽"是超自然力量的神格赋予。如果说良渚玉器是宗教内涵的载体和仪礼秩序的媒介，那么神王和巫觋就是宗教仪轨的执行者。祭坛的存在让我们有理由相信，良渚王国的一些重大决策，可能会通过某种祭天或观象仪式予以确定。良渚社会这份浓郁的宗教情结，为良渚文明抹上了一层神秘的光芒。

上述文明要素体现了等级与王权、信仰与礼制，以及与此相关的稻作农业、水利技术、土筑工艺、城市形态、尚玉之风等诸多东方文明特质，可以说良渚是东方早期文明的集大成者，它为东方文明的传承和发展培育了众多的基因。

良渚文明的影响

距今 4000 年左右，中国发达的东南部文化在非常短的时段里差不多同时突变，龙山文化变成了岳石文化，良渚文化更迭为马桥文化、好川文化、湖熟文化，但它们好似毁坏了的残局，形成某种断层。良渚文化突然陨落衰亡了。

关于良渚文化衰落的原因，众说纷纭，归纳起来，大致有北迁说、社会矛盾说、战争说、海侵说和洪灾说等。

早在 20 世纪 30 年代，即有人据钱山漾遗址的发掘，提出中国文明发源于东南或夏族崛起于江浙尔后北迁的观点。20 世纪后半叶大量的考古资料发现以后，许多人继续发展这一观点，认为因存在特大洪水等不可克服的困难，导致良渚文化先民由太湖地区北迁，在北方或其他地方维系他们创造的文化。

持社会矛盾说的认为，良渚文化晚期陷于宗教狂热之中，并有追求享乐的时尚，导致大量非生产性劳动支出，使社会运行偏离正常发展轨道，最终在积重难返中失去控制力和调节能力，于是上演了悲剧。

持战争说的认为当时掠夺性战争随时发生，必将带来大毁灭。良渚文化遗址大量出土兵器和大禹诛防风的传说都是旁证。

海侵说和洪灾说以地相研究为根据，并与全世界600多个神话记载的大洪水相参证。大洪水对远古社会发生巨大影响应是事实。

良渚文化消亡可能有多种原因，但政治僵化或不断强化政治、文化偏执，过度掠夺或毁坏自然资源，过度增加社会开支，而不再有创造力和社会发展的动力机能，应是主要原因。

良渚人的消失并没有导致良渚文化的绝灭，有很多因素遗留下来，构成了新的后起文明的因子，汇入了华夏文明的浩瀚海洋。

首先，是宗教和祭祀习俗的传承。良渚人特别重视祭祀这一社会活动，对原始宗教也很狂热。从祭坛和墓葬复合的情况看，祖先崇拜是祭祀和宗教活动中非常突出的一环（当然中国别的史前文化遗址中宗教和祭祀的遗迹也不少）。这一宗教和祭祀的习俗，在夏商以后就逐渐形成了中国人"敬天法祖"的宗教祭祀传统。

众所周知，商代是一个和西北黄土高原联系相对较少，和江淮、东南一带联系相对较多的一个朝代。商人敬鬼神、重祭祀、信巫术，首开"敬天法祖"的传统，这是和良渚人一脉相承的。

值得一提的是，商代人虽然不像良渚人那样把玉琮、玉璧放在祭祀活动中至高无上的地位，但商代祭祀活动中还是有玉琮、玉璧出现，这就很可以说明两者的传承关系了。

良渚人常用的黑陶器形是鼎、豆、壶，商代人也很喜欢把鼎、豆、壶作为一组礼器来运用，只不过是材质发生了变化，从用黏土制作变成青铜冶炼，气魄上不可同日而语，形式上并没有实质性的改变。

更重要的是，在良渚玉器上常见的兽面纹，也被商代青铜器所继承。商代青铜器上常见的饕餮纹，有学者认为就是从良渚的兽面纹发展而来的。

其次，是礼仪制度的继承。从良渚墓葬出土的情况看，良渚时期地位最高的"显贵者"，是集军权、神权、政权于一身的人。玉钺拥有者的社会地位，要比仅仅拥有玉琮、玉璧的人高得多。中国从原始社会开始，部落联盟的最高领袖就是军事领袖，而不是专门传达天神的心意或管理行政事务的官员。这一传统也得到了继承，夏商周以后，最高领袖（皇帝）必然直接执掌军事，至少也是理论上直接执掌军事。

最后，是美学的继承。从良渚玉器上反映出来的良渚人的基本艺术创造手法，是线条的运用，它是用线条的组合来塑造形象的。良渚文化就是最早用线条来创造中国式美的滥觞。在商代青铜器中，还可以依稀看出良渚文化玉器纹饰的一些痕迹，如良渚玉器上出现过的卷云纹、水纹都在青铜器上得到了进一步的发展。

玉器中常见的以主体纹、装饰纹、地纹三种不同层次组合起来的整体纹样，在商周的青铜器艺术中不断得到发展和强化。玉器雕刻对中轴线的强调，对对称的追求等，不仅仅是对青铜器，而且对各种艺术都产生了深远的影响。

要说到良渚文明对后世的影响，最绕不开的就是玉器文化。中国后来几千年绵延不绝的玉文化传统，最早的源头都可以追溯到良渚文明这里。

中国人对玉器的崇拜在良渚时期达到了高峰。其后虽然良渚人的后裔去向不明，但良渚时期用玉、爱玉、尊玉的传统却被继承下来，成为整个中华民族 5000 年来一道亮丽的文化风景线。

综观 5000 年来的玉文化源流，玉器的生产和应用似乎经历了神秘化、世俗化、工艺化三个阶段。从夏商周三代到魏晋六朝，是玉崇拜的神秘化阶段。紧接良渚文化下限的夏王朝，出土了圭、璋、戚、戈等新的器形，这是将玉器当作了维护统治阶级秩序的象征。

商，万里迢迢的和田玉进入了中原地区。到了周代，玉被广泛地使用于礼仪性场合，《左传》《国语》多次记载了诸侯会盟使用玉册的情况，士大夫阶层用佩玉来表示自己身份和地位的习气越来越浓。

春秋战国以后，葬玉风气越来越盛，统治阶级以为尸体用玉殓葬，可以起到防腐的作用，这既是玉的礼仪化的延伸，又是神秘化的再次兴起。

两汉时期，玉器被广泛用于礼仪、佩饰、厌胜、葬具等多个领域。玉衣这种成千上万块玉片缝缀起来的大型玉制品，在汉代墓葬中已多次出现。

从唐代开始，玉器进入了世俗化阶段。自唐宋时期以来，玉器中出现了实用品、艺术品这类新品种，在题材和形式上突破了图案规格化的窠臼。随身饰物的出现，扭转了用玉来表示身份、等级的风气，开创了以写实风格为代表的玉作新风尚。

宋代玉雕题材以花鸟见长，构图繁富，讲究对称，富有清新、生动之韵致，出现了深层的立体镂雕，前后掩映，玲珑剔透。随着古玉研究的兴起，仿古玉雕件又给宋代以后的玉器生产增添了新的内容。

明清时期，城市经济日趋繁荣，手工业从业人员大量增加。明中叶以后，资本主义萌芽在江南逐渐成长，为适应这种情况，玉器商品化的水平大大提高，同时也导致玉器艺术在生产上的商品化、艺术风格上的纤细化。

乾隆时期是我国古代玉器制作史上最为昌盛的时代，内廷工匠做工严细，一丝不苟，私营玉作坊遍及苏州、扬州、江宁、杭州等地。这时期玉作工艺的一个特点，是喜欢采用成千上万斤的大块玉石，借鉴绘画、雕刻的艺术手段，采用阴线、阳线、平凸、隐起、镂空、俏色、烧古等多种工艺形式，制作大型陈设用玉器，其艺术造诣很高。晚清以后，由于社会动乱和国家财力的限制，玉器生产渐趋衰落。

从良渚时代到近代，先民们碾琢了难以计数的精美玉器，给我们留下了极为丰富的宝贵遗产。玉文化在以儒家文化为代表的东方精神的形成和发展中所起的作用，对我们民族精神所产生的影响，是每一个尊重中国历史和文化的人所不能忽视的。

尾声　良渚寻梦记

1986 年暮春，良渚反山大墓被发现的消息轰动天下。

消息传来之时，我还在大学读书，读的正是考古专业。当得知我的家乡浙江有了这样重要的考古发现，心情格外激动。当时就想，等我毕业了，我也要去考古队，说不定我还会遇上更重要的考古发现呢！

但是天不遂人愿。大学毕业后，我没能去成心心念念的考古所，而是阴差阳错地被分配到了浙江省博物馆，从此开始了与古物为伍的几十年职业生涯。

但我心中总是萦绕着这个"考古"情结，久久挥之不去。

有一天，当我得知我的一个大学师兄就在良渚镇附近发掘一个叫"庙前"的良渚文化遗址，不知怎的就突然来了兴致，于是就干了一件现在看来近乎有些"疯狂"的事情。

我在下班之后，连晚饭也没顾上吃，就骑着一辆破自行车往良渚镇去了。我要去考古工地现场看看！

那一天，我骑了几十里的路，又累又饿又渴，边骑边问路，终于在天擦黑时，到了良渚镇，找到了考古发掘的工地。

在考古人员临时搭建的工棚里，我见到了他们当天刚刚挖掘出来的文物，有石斧、石锛，有残破的黑陶器，还有几件零星的小玉器。但拂去玉器表面的泥土，看到那些刻画精细的纹样时，不知怎的心里特别激动。

那天晚上，还和考古队员们一起喝了点小酒。不胜酒力的我很快就醉了，但是心里非常欢乐。

这是我跟良渚结缘的开始。

那之后不久，北京要开亚运会，国家文物局征调全国各地最新出土的文物精品，要在中国历史博物馆（现中国国家博物馆）举办一个"全国文物精品展"，1986年出土于反山王陵的"玉琮王"被选上了。

那是七月里酷热的一天，"玉琮王"和其他几件被同时征调的文物一起被送到了位于孤山省博物馆里的"红洋房"会合。我和另一个同事被领导指派，连夜"看守"这些文物。

这件平时只能在考古报告和图册中才能见到的宝贝，竟然就在我们眼前，可把我们激动坏了。待夜深人静之时，我和同事戴上白手套，将"玉琮王"从锦盒里小心翼翼地取出，"上下其手"，把它摸了个遍。

这种际遇可遇而不可求。自那之后，我们也只能在博物馆的玻璃展柜里瞻仰它了，"可远观而不可亵玩焉"。

这样美好的际遇，如梦如幻，成为印象中最难忘的一个片段。

没有想到的是，没过几年，我又有了一次跟良渚玉器亲密接触的机会。

1996 年正值良渚文化发现 60 周年，省里有关部门要开一个纪念性的学术研讨会。为了配合此次会议，浙江省文物局决定编撰一本全面反映良渚文化玉器发掘成果的画册，书名定为《良渚古玉》。

我很有幸地被选入画册编撰小组，参与了画册编撰工作。

为了能够系统全面地反映 60 年来良渚玉器发现的成果，我随着编撰小组跑遍了杭、嘉、湖一带所有收藏有良渚玉器的文物收藏单位，甚至还到了偏远的浙南山区，因为那里的遂昌县好川遗址据说也出土了良渚文化风格的玉器。

那一阵子，真的可以说是大开眼界、大饱眼福。不夸张地说，我当时见到的良渚玉器的种类和数量，可能比考古工作第一线的同仁们见到的还要多。

从那之后，"良渚"似乎就跟我牢牢地联结在一起了，我的"考古"情结，慢慢变成了"良渚"情结。

已经记不得有多少次往良渚跑了。去良渚荀山看刚建成的良渚文化博物馆，去良渚文化村看新建的良渚博物院，然后是改陈之后的良渚博物院新陈列……

更不用说位于大观山果园八角亭的良渚考古队驻地，

他们食堂里的饭菜我都吃过好多次，味道特别好。

印象最深的是 2016 年春天那一次。那一年杭州要举办 G20 峰会，为了向来自全世界的嘉宾介绍杭州，杭州出版社准备编写出版一本中英双语的《杭州简史》图书，我是图书的作者之一，负责最前面的"文明曙光"和"梦起钱塘"两章。

为了撰写这部书稿，我带着我的两个研究生再次来到八角亭考古队驻地，采访刘斌所长。正是这一次，我听到了更加振奋人心的消息：就在这一年的 3 月，考古人员在良渚古城外又发现了大规模的水坝，这可能是世界上最早的大型水利系统！

良渚，就是一个这样神奇的地方。不知道什么时候，地下就有意想不到的奇迹出现，让人惊喜，令人惊叹。

甚至可以说，在良渚从事考古发掘工作，就是一个寻梦的过程。这个梦迷人而多彩，让人沉醉，难以自拔。

良
渚
梦
寻

H A N G

Z H O U

1. 林华东：《良渚文化研究》，浙江教育出版社，1998年。

2. 吴汝祚、徐吉军：《良渚文化兴衰史》，社会科学文献出版社，2009年。

3. 浙江省文物考古研究所编：《良渚文化研究——纪念良渚文化发现六十周年国际学术讨论会文集》，科学出版社，1999年。

4. 浙江省文物考古研究所编著：《良渚古城综合研究报告》，文物出版社，2019年。

5. 浙江省人民政府、故宫博物院编：《良渚与古代中国——玉器显示的五千年文明》，故宫出版社，2019年。

6. 杭州良渚遗址管理区管理委员会、浙江省文物考古研究所编著：《良渚玉器》，科学出版社，2018年。

7. 浙江省文物考古研究所、北京大学考古文博学院、北京大学中国考古学研究中心、良渚博物院、杭州市余杭博物馆编著：《权力与信仰——良渚遗址群考古特展》，文物出版社，2015年。

8. 浙江省文物考古研究所、南京博物院、上海博物馆编著：《良渚考古八十年》，文物出版社，2016年。

9. 浙江省文物考古研究所编：《浙江省文物考古研究所学刊（第八辑）——纪念良渚遗址发现七十周年学术研讨会文集》，科学出版社，2006年。

10. 张炳火主编，良渚博物院编著：《良渚文化刻画符号》，上海人民出版社，2015年。

11. 良渚博物院编：《严文明论良渚》，科学出版社，2020年。

12. 方向明：《良渚玉器线绘》，浙江古籍出版社，2018年。

13. 马黎：《看见5000年——良渚王国记事》，浙江古籍出版社，2020年。

14. 朱雪菲：《神王之国——良渚古城遗址》，浙江大学出版社，2019年。

15. 方向明：《土筑金字塔——良渚反山王陵》，浙江大学出版社，2019年。

16. 刘斌：《法器与王权——良渚文化玉器》，浙江大学出版社，2019年。

17. 赵晔：《内敛与华丽——良渚陶器》，浙江大学出版社，2019年。

18. 姬翔等：《工程与工具——良渚石记》，浙江大学出版社，2019年。

19. 夏勇、朱雪菲：《图画与符号——良渚原始文字》，浙江大学出版社，2019年。

20. 姬翔、宋姝、武欣：《物华天宝——良渚古环境与动植物》，浙江大学出版社，2019年。

21. 陈明辉：《良渚时代的中国与世界》，浙江大学出版社，2019年。

22. 朱叶菲：《良渚遗址考古八十年》，浙江大学出版社，2019年。

23. 王宁远：《何以良渚》，浙江大学出版社，2019年。

24. 马黎：《一小铲和五千年：考古记者眼中的良渚》，浙江大学出版社，2019年。

25. 浙江文物局编：《良渚古玉》，浙江人民美术出版社，1996年。

26. 余杭市政协文史资料委员会编：《文明的曙光——良渚文化》，浙江人民出版社，1996年。

27．浙江省社会科学院国际良渚文化研究中心编：《良渚文化探秘》，人民出版社，2006年。

28．赵晔：《良渚文明的圣地》，杭州出版社，2013年。

29．刘斌：《神巫的世界》，杭州出版社，2013年。

30．王宁远：《从村居到王城》，杭州出版社，2013年。

31．俞为洁：《良渚人的衣食》，杭州出版社，2013年。

32．方向明：《神人兽面的真像》，杭州出版社，2013年。

33．蒋卫东：《玉器的故事》，杭州出版社，2013年。

34．陈杰：《良渚文化的古环境》，杭州出版社，2013年。

35．赵大川、施时英：《良渚文化发现人施昕更》，杭州出版社，2013年。

36．梁丽君：《纹饰的秘密》，杭州出版社，2013年。

37．丁金龙：《良渚文化的水井》，浙江古籍出版社，2015年。

38．曲石：《中国玉器时代》，山西古籍出版社，1994年，第2版。